Printed in the USA

Basque Language:

101 Basque Verbs

BY SIDONIA ETXEBERRIA

Contents

INTRODUCTION TO THE BASQUE VERB

The verb form in Basque is complex because it contains a lot of information. In the Basque verb we can find information about elements that take part in the action (subject, direct and indirect object), the aspect (infinitive, participle, unaccomplished), the tense (present, past) and the mode (indicative, subjunctive, imperative, conditional, potential).

Verbs can appear alone or conjugated.

NON-FINITE VERB FORMS

The non-finite verbs are those that have no tense or person marks in them.

There are 3 types of non-finite verbs in Basque:

- Just the verb stem: Orders, exclamations and rhetoric questions. (*Entzun!*, (Listen!))
- Participles: They come from romance languages (*bukatu (to finish), azaldu (to explain)*) or ancient Basque (*eduki (to have), joan (to go)*)
- Verb nouns: These are verbs that have been converted into a name: *"Zuk hau irakurtzea nahi dut"*

CONJUGATED VERB FORMS

Synthetic verbs

The inflexion in synthetic verbs can be made without the help of an auxiliary verb. They gather all the information of the verb in one word (person, meaning of the action, mode, tense and aspect): *zoaz (you're going), daukazu (you have)*...

According to Euskaltzaindia (the Royal Academy of the Basque Language) there are only 24 synthetic verbs, also known as "trinkoak". The most common ones are: *egon (to be), joan (to go), ibili (to walk), etorri (to come), izan (to be), jakin (to know), eduki (to have), ekarri (to bring), eraman (to take/ to carry), esan (to say)* and *jakin (to know).*

It's important to point out that all the synthetic verbs, in their participle form end with *"-i"* or *"-n"*. On the other hand, periphrastic verbs end in *"-du"* or *"-tu"*.

Periphrastic verbs

These are the verbs that need an auxiliary so they can be conjugated. Most of them make their participle adding the ending *"-tu/-du"* to their basic stem (*altxa>altxatu, buka>bukatu*), but there are some periphrastic verbs that make their endings with *"-n"* o *"-i"*. These verbs are the ones that come from ancient Basque, such as:
- *Erosi* (to buy), *erori* (to fall), *ireki* (to open), etc.
- *Edan* (to drink), *eman* (to give), *esan* (to say), etc.

Periphrastic verbs are composed by the "main verb"+"auxiliary verb".

- o Main verb: It shows the meaning of the action and the aspect. It can appear in 4 forms:
  - Verb stem: *Buka*
  - Participle: *Bukatu*
  - Imperfect: *Bukatzen*
  - Unaccomplished: *Bukatuko*

- o Auxiliary verb: It shows the person, the tense and the mode of the verb: *naiz, nintzen, naiteke, dezaket...*

All verbs can adopt a periphrastic form and conjugate with the help of an auxiliary, but not all of them can take a synthetic form (as we mentioned before there are only 24 synthetic verbs). For example, the synthetic verb *"joan"* (to go) can appear alone (synthetic), *"noa"* (I'm going), or we can see it with an auxiliary verb, *"joaten naiz"* ("I'm going" as well).

VERB STEMS

The verbs in Basque are mentioned or quoted using their "participle" form, although it should be noted that this participle form doesn't have the same meaning as the English participle: It's the equivalent of the standard infinitive form.

Both the synthetic verbs and the main verbs contained inside periphrastic verbs are based on one root or basic stem, which normally appears in the participle. The participle is set up in a different way depending on the verb's etymological origin (ancient Basque or romance). For example:

- o The synthetic verb *"joan"* (to go) has -oa- as its basic stem, and with the help of the *"j-"*participle prefix and the participle suffix *"-n"* they shape the verb "joan". If we conjugate this verb we'll see that the stem is always maintained: *goaz* (present, first person plural: "we go"), *nind<u>oa</u>n* (imperfect past, first person singular: "I was going"). This verb comes from the ancient Basque language.

Ancient Basque source participles		
Prefix	**Stem**	**Suffix**
e-,i-,j-	Basic stem	*-i, -n* or without suffix

- o When we analyse verbs that have a Romance language source we can see that their participle is always created with the union of the basic stem and the "-*du"/"-tu"* suffix (if the stem ends with *"–n"* or *"–l"* we have to use *"-du"*, in the remaining cases "-tu"). In the case of the participle "apurtu" (to break) it's shaped after the union of the stem "apur-" and the suffix "-tu"

Romance source participles	
Stem	**Suffix**
Basic stem	-du, -tu

Irregular or defective stems

Some verbs reveal an irregular stem in one or more of their time tenses. The most significant are the following ones:

- *Izan* ("To be"): It's the most common verb and has more than one stem for its personal forms. For example, "*Gizon hori oso altua da*" (That man is very tall).
- *Edin*: It's the hypothetic participle of the auxiliary verbs in the aoristic mode (undefined, undetermined). This verb only has personal forms. For example, "*Gehiago ikasi izan banu lanpostu hobeagoa izango nuke*" (If I had studied more I would have a better job)
- *Egon* ("To be" in a place or situation): For example, "*Hondartzan nago*" (I'm on the beach).
- *Esan* ("To say"): This verb shows irregular stems in some personal tenses. For example, "*Zer dio zure lagunak?*" (What does your friend say?)
- *Eduki* ("To have" or "To possess"): For example, "*Lau txakur ditut*" (I have four dogs)
- *Izan/Ukan* ("To be" or "To have"): The real participle of this verb is *izan,* but to identify its metalinguistic difference from the verb *to be* we'll refer to it as *ukan*. The conjugated form of this verb is used as the auxiliary verb that goes with the main verb in periphrastic verbs to give it more meaning. For example, in "*Liburuak ekarri ditut*" (I've brought the books) *ekarri* is the main verb and it shows itself in its participle form with no grammatical marks, but with *ditut* by its side we can understand that the verb refers to a plural direct object ("the books"), that the subject carrying out the action is the first person singular ("me") and that the action is happening in a present perfect tense and in an indicative mode. The *ukan* verb is strictly mandatory in order to create periphrastic verbs, and most of the verbs in Basque are periphrastic verbs, so, there's no need to say that it's the most important verb we must master if we want to speak Basque correctly.

Next, in the sections "Regime of the verb" and "Mode of the verb" you can find all the tables with all the possible conjugations for the verb "Izan/Ukan".

NOR/NORI/NORK (REGIME OF THE VERB)

We've seen the nature of the conjugated and non-finite verbs, and how the verbs are created from their regular and irregular stems. Now we'll classify the Basque verbs depending on their grammatical case, distinguishing from each other by the noun phrases that surround them. There are 4 categories:

Note: In the following tables shown below we mention the personal pronoun "hi". It refers to the second person singular (you), but in a more colloquial or informal expression. When we're having a colloquial conversation and we want to use a more informal speech (this type of speech is known as "hika") we can turn the regular "zu" pronoun into "hi" (with all its grammatical consequences applied in the verb). When we're speaking "hika" we can express the gender of the person we're talking to (otherwise there's no gender distinction in Basque). The personal pronouns in Basque are as follows:

1st singular = Ni (I)
2nd singular = Hi (You)
3rd singular = Hura (He/She)
1st plural = Gu (We)
2nd singular = Zu (You)
2nd plural = Zuek (You)
3rd plural = Haiek (They)

- **NOR**: The only noun phrase related to the verb is the subject, which carries out the action expressed in the verb itself.

   For example: "**Autobusa** berandu <u>iritsi da</u> gaur" (Today **the bus** <u>has arrived</u> late). "The bus" (*autobusa*) is the subject and it carries out the action "has come" ("*etorri da*").

   In the next table we show all the casuistries for the auxiliary verb in the present indicative mode:

NOR		
PRESENT	Naiz	<-- 1st singular
	Haiz	<-- 2nd singular
	da	<-- 3rd singular
	gara	<-- 1st plural
	zara	<-- 2nd singular
	zarete	<-- 2nd plural
	dira	<-- 3rd plural

- **NOR-NORK**: In this case we have 2 noun phrases taking part in the action: The subject (NORK) and the direct object (NOR).

For example: "*Ikasleak liburu osoa egun bakarrean irakurri du*" (**The student** has read *the whole book* in one single day). "The student" (*ikasleak*) is the subject, that has done the action "has read" (*irakurri du*) over the direct object "the whole book" (*liburu osoa*).

In the next table we show all the casuistries for the auxiliary verb in the present indicative mode. In the first column the subject NORK is defined, then we follow the row until we arrive to the last column, where we define the NOR direct object:

<table>
<tr><th colspan="6">NOR - NORK</th><th></th></tr>
<tr><td>1st singular (NORK)--></td><td>**NA**</td><td></td><td>u</td><td></td><td>T</td><td><-- 1st singular (NOR)</td></tr>
<tr><td>2nd singular (NORK)--></td><td>**HA**</td><td></td><td>u</td><td></td><td>K/N</td><td><-- 2nd singular (NOR)</td></tr>
<tr><td>3rd singular (NORK)--></td><td>**D**</td><td></td><td>u</td><td></td><td>-</td><td><-- 3rd singular (NOR)</td></tr>
<tr><td>1st plural (NORK)--></td><td>**GA**</td><td>It</td><td>u</td><td></td><td>GU</td><td><-- 1st plural (NOR)</td></tr>
<tr><td>2nd singular (NORK)--></td><td>**ZA**</td><td>It</td><td>u</td><td></td><td>ZU</td><td><-- 2nd singular (NOR)</td></tr>
<tr><td>2nd plural (NORK)--></td><td>**ZA**</td><td>It</td><td>u</td><td>zte</td><td>ZUE</td><td><-- 2nd plural (NOR)</td></tr>
<tr><td>3rd plural (NORK)--></td><td>**D**</td><td>It</td><td>u</td><td></td><td>TE</td><td><-- 3rd plural (NOR)</td></tr>
</table>

PRESENT

- **NOR-NORI**: In this case we have 2 noun phrases taking part in the action: The subject (NOR) and the indirect object (NORI).

For example: "*Lorontzia lurrera erori zait (niri)*" (**The vase** has fallen (*from my hands*)). "The vase" (*lorontzia*) is the subject, that has done the action "has fallen" (*erori zait*), and "from my hands" (*niri*) is the indirect object, representing the "me" figure.

In the next table we show all the casuistries for the auxiliary verb in the present indicative mode. In the first column the subject NOR is defined, then we follow the row until we arrive to the second to last column, where we define the NORI indirect object:

<table>
<tr><th colspan="6">NOR – NORI</th><th></th></tr>
<tr><td>1st singular (NOR)--></td><td>**NA**</td><td>Tzai</td><td></td><td>T</td><td></td><td><-- 1st singular (NORI)</td></tr>
<tr><td>2nd singular (NOR)--></td><td>**HA**</td><td>Tzai</td><td></td><td>K/N</td><td></td><td><-- 2nd singular (NORI)</td></tr>
<tr><td>3rd singular (NOR)--></td><td></td><td>Zai</td><td></td><td>O</td><td></td><td><-- 3rd singular (NORI)</td></tr>
<tr><td>1st plural (NOR)--></td><td>**GA**</td><td>tzai</td><td>zki</td><td>GU</td><td></td><td><-- 1st plural (NORI)</td></tr>
<tr><td>2nd singular (NOR)--></td><td>**ZA**</td><td>tzai</td><td>zki</td><td>ZU</td><td></td><td><-- 2nd singular (NORI)</td></tr>
<tr><td>2nd plural (NOR)--></td><td>**ZA**</td><td>tzai</td><td>zki</td><td>ZUE</td><td>te</td><td><-- 2nd plural (NORI)</td></tr>
<tr><td>3rd plural (NOR)--></td><td></td><td>Zai</td><td>zki</td><td>E</td><td></td><td><-- 3rd plural (NORI)</td></tr>
</table>

PRESENT

- **NOR-NORI-NORK:** In this case we have 3 noun phrases taking part in the action: The indirect object (NOR), the indirect object (NORI) and the subject (NORK).

For example: "*Zugan sinisten dut, zuk niri beti egia esan didazu*" (I trust you, **you** have always told *me* **the truth**). (*Zuk*) is the subject, "me" (*niri*) is the indirect object, "told me" (*esan didazu*) is the verb and "the truth" (*egia*) is the direct object.

In the next table we show all the casuistries for the auxiliary verb in the present indicative mode. All the auxiliaries begin with a "*d*", the NOR is represented with an "*i*" if it's singular and "*izki*" if it's plural. In the first column the NORI is defined, and is the last one the NORK:

NOR-NORI-NORK

PRESENT						
	1st singular (NORI)-->			T	T	<-- 1st singular (NORK)
	2nd singular (NORI)-->			K/N	K/N	<-- 2nd singular (NORK)
	3rd singular (NORI)-->			O	-	<-- 3rd singular (NORK)
	1st plural (NORI)-->	D	i(zki)	GU	GU	<-- 1st plural (NORK)
	2nd singular (NORI)-->			ZU	ZU	<-- 2nd singular (NORK)
	2nd plural (NORI)-->			ZUE	ZUE	<-- 2nd plural (NORK)
	3rd plural (NORI)-->			E	TE	<-- 3rd plural (NORK)

MODE OF THE VERB

In Basque there are 5 grammatical modes: indicative, imperative, subjunctive, conditional and potential. For each mode there's a structure for the NOR, NOR-NORK, NOR-NORI and NOR-NORI-NORK grammatical categories and for both present and past tenses. Next we'll describe in detail the composition of each tense and grammatical case for all the five modes if the verb:

INDICATIVE

INDICATIVE

Tense	NOR	NOR - NORI					NOR-NORK								NOR-NORI-NORK				
							SINGULAR	PLURAL											
PRESENT	naiz	NA	tzai		T				NA		u		T					T	T	
PRESENT	haiz	HA	tzai		K/N				HA		u		K/N					K/N	K/N	
PRESENT	da		zai		O				D		u		-					O	-	
PRESENT	gara	GA	tzai	zki	GU				GA	it	u		GU		D	izki	GU	GU		
PRESENT	zara	ZA	tzai	zki	ZU				ZA	it	u		ZU					ZU	ZU	
PRESENT	zarete	ZA	tzai	zki	ZUE	te			ZA	it	u	zte	ZUE					ZUE	ZUE	
PRESENT	dira		zai	zki	E				D	it	u		TE					E	TE	
PAST	nintzen	NIN	tzai		DA	n	Nuen	nituen	NIN	du			DA	n	N		DA		n
PAST	hintzen	HIN	tzai		A/NA	n	Huen	hituen	HIN	du			A/NA	n	H		A/NA		n
PAST	zen	ZI	tzai		O	n	Zuen	zituen	( )				-	en	Z		O		n
PAST	ginen	GIN	tzai	zki	GU	n	genuen	genituen	GIN	tu			GU	n	GEN	i(zki)	GU		n
PAST	zinen	ZIN	tzai	zki	ZU	n	zenuen	zenituen	ZIN	tu			ZU	n	ZEN		ZU		n
PAST	zineten	ZIN	tzai	zkite	ZUE	n	zenuten	zenituzten	ZIN	tu		zte	ZUE	n	ZEN		ZUE		ten
PAST	ziren	ZI	tzai	zki	E	n	Zuten	zituzten	( )				TE	n	Z		E		ten

7

CONDITIONAL

CONDITIONAL

COND.

	NOR	NOR – NORI							NOR-NORK									NOR-NORI-NORK					
		ba	NIN	tzai	zki	suf	ke	te	(f1)	(f2)	ba	pron	aux	zte	ke	suf	n	ba	pron	i(zki)	suf	ke	te/en
	baninz	ba	NIN	tzai		T			banu	banitu	ba	NIN	du			T		ba	N		T		
	bahintz	ba	HIN	tzai		K/N			bahu	bahitu	ba	HIN	du			K/N		ba	H		K/N		
	balitz	ba	LI	tzai		O			balu	balitu	ba	( )				-		ba	Z		O		
	bagina	ba	GIN	tzai	zki	GU			bagenu	bagenitu	ba	GIN	tu			GU		ba	GEN	i(zki)	GU		
	bazina	ba	ZIN	tzai	zki	ZU			bazenu	bazenitu	ba	ZIN	tu			ZU		ba	ZEN		ZU		
	bazinete	ba	ZIN	tzai	zki	ZUE		te	bazenute	bazenituzte	ba	ZIN	tu	zte		ZUE		ba	ZEN		ZUE		te
	balira	ba	LI	tzai	zki	E			balute	balituzte	ba	( )				TE		ba	L		E		te

CONS. PRES.

	NOR	NOR – NORI							NOR-NORK									NOR-NORI-NORK					
		ba	pron	tzai	zki	suf	ke	te	(f1)	(f2)	ba	pron	aux	zte	ke	suf	n	ba	pron	i(zki)	suf	ke	te
	nintzateke		NIN	tzai		DA	ke		nuke	nituzke		NIN	du		ke	T			N		DA	ke	
	hintzateke		HIN	tzai		A/NA	ke		huke	hituzke		HIN	du		ke	K/N			H		A/NA	ke	
	litzateke		LI	tzai		O	ke		luke	lituzke		( )				-			L		O		
	ginateke		GIN	tzai	zki	GU	ke		genuke	genituzke		GIN	tu		ke	GU			GEN	i(zki)	GU	ke	
	zinateke		ZIN	tzai	zki	ZU	ke		zenuke	zenitzke		ZIN	tu		ke	ZU			ZEN		ZU	ke	
	zinatekete		ZIN	tzai	zki	ZUE	ke	te	zenukete	zenituzkete		ZIN	tu	zte	ke	ZUE			ZEN		ZUE	ke	te
	lirateke		ZI	tzai	zki	E	ke		lukete	lituzkete		( )				E			L		E		te

CONS. PAST

	NOR	NOR – NORI							NOR-NORK									NOR-NORI-NORK					
		ba	pron	tzai	zki	suf	ke	en	(f1)	(f2)	ba	pron	aux	zte	ke	suf	n	ba	pron	i(zki)	suf	ke	en/ten
	nintzatekeen		NIN	tzai		DA	ke	en	nukeen	nituzkeen		NIN	du		ke	DA	n		N		DA	ke	en
	hintzatekeen		HIN	tzai		A/NA	ke	en	hukeen	hituzkeen		HIN	du		ke	A/NA	n		H		A/NA	ke	en
	zatekeen		LI	tzai		O	ke	en	lukeen	lituzkeen		( )				-	en		L		O		en
	ginatekeen		GIN	tzai	zki	GU	ke	en	genukeen	genituzkeen		GIN	tu		ke	GU	n		GEN	i(zki)	GU	ke	en
	zinatekeen		ZIN	tzai	zki	ZU	ke	en	zenukeen	zenituzkeen		ZIN	tu		ke	ZU	n		ZEN		ZU	ke	en
	zirateketen		ZIN	tzai	zkite	ZUE	ke	ten	zenuketeen	zenituzketeen		ZIN	tu	zte	ke	ZUE	n		ZEN		ZUE	ke	ten
	ziratekeen		LI	tzai	zki	E	ke	en	luketeen	lituzketeen		( )				E	n		L		E	ke	ten

POTENTIAL

		NOR	NOR - NORI						NOR-NORK								NOR-NORI-NORK				
POTENTIAL	**PRESENT**	naiteke	NA	ki		DA	ke				NA		zake		T				DA	ke	T
		haiteke	HA	ki		A/NA	ke				HA		zake		K/N				A/NA	ke	K/N
		daiteke	DA	ki		O	ke				DE		zake		-				IO	ke	-
		gaitezke	GA	ki	zki	GU	ke				GA	it	zake		GU		dieza(zki)		GU	ke	GU
		zaitezke	ZA	ki	zki	ZU	ke				ZA	it	zake		ZU				ZU	ke	ZU
		zaitezkete	ZA	ki	zki	ZUE	ke	te			ZA	it	zake te		ZUE				ZUE	ke	ZUE
		daitezke	DA	ki	zki	E	ke		**SINGULAR**	**PLURAL**	DE	it	zake		TE				E	ke	TE
	PAST	nintekeen	NEN	ki		DA	ke	en	nezakeen	nitzakeen	NIN	tzake		DA	n		N		DA	ke	en
		hintekeen	HEN	ki		A/NA	ke	en	hezakeen	hitzakeen	HIN	tzake		A/NA	n		H		A/NA	ke	en
		zitekeen	ZE	ki		O	ke	en	zezakeen	zitzakeen	( )			-	en		Z		IO		en
		gintezkeen	GEN	ki	zki	GU	ke	en	genezakeen	genitzakeen	GIN	tzake		GU	n		GEN	ieza	GU	ke	en
		zintezkeen	ZEN	ki	zki	ZU	ke	en	zenezakeen	zenitzakeen	ZIN	tzake		ZU	n		ZEN	(zki)	ZU	ke	en
		zintezketen	ZEN	ki	zki	ZUE	ke	ten	zenezaketen	zenitzaketen	ZIN	tzake te		ZUE	n		ZEN		ZUE	ke	ten
		zintezkeen	ZE	ki	zki	E	ke	en	zezaketen	zitzaketen	( )			E	n		Z		IE	ke	ten
	HYPOTHETIC	ninteke	NEN	ki		DA	ke		nezake	nitzake	NIN	tzake		T			N		DA	ke	
		hinteke	HEN	ki		A/NA	ke		hezake	hitzake	HIN	tzake		K/N			H		A/NA	ke	
		liteke	ZE	ki		O	ke		lezake	litzake	( )			-			L		O	ke	
		gintezke	GEN	ki	zki	GU	ke		genezake	genitzake	GIN	tzake		GU			GEN	ieza(zki)	GU	ke	
		zintezke	ZEN	ki	zki	ZU	ke		zenezake	zenitzake	ZIN	tzake		ZU			ZEN		ZU	ke	
		zintezkete	ZEN	ki	zki	ZUE	ke	te	zenezakete	zenitzakete	ZIN	tzake te		ZUE			ZEN		ZUE	ke	te
		litezke	ZE	ki	zki	E	ke		lezakete	litzakete	( )			TE			L		E	ke	te

9

SUBJUNCTIVE

NOR

	NOR
PRESENT	nadin
	hadin
	dadin
	gaitezen
	zaitezen
	zaitezten
	daitezen
PAST	nendin
	hendin
	zedin
	gintezen
	zintezen
	zintezten
	zitezen

NOR – NORI

NA	ki		DA	n
HA	ki		A/NA	n
DA	ki		O	n
GA	ki	Zki	GU	n
ZA	ki	Zki	ZU	n
ZA	ki	Zki	ZUE	ten
DA	ki	Zki	E	n
NEN	ki		DA	n
HEN	ki		A/NA	n
ZE	ki		O	n
GEN	ki	zki	GU	n
ZEN	ki	zki	ZU	n
ZEN	ki	zki	ZUE	ten
ZE	ki	zki	E	n

NOR-NORK (past SINGULAR / PLURAL)

SINGULAR	PLURAL
nezan	nitzan
hezan	hitzan
zezan	zitzan
genezan	genitzan
zenezan	zenitzan
zenezaten	zenitzaten
zezaten	zitzaten

NOR-NORK

NA		za	DA	n
HA		za	A/NA	n
DE		za	-	n
GA	it	za	GU	n
ZA	it	za	ZU	n
ZA	it	zate	ZUE	n
DE	it	za	TE	n
NIN	tza		DA	n
HIN	tza		A/NA	n
( )			-	n
GIN	tza		GU	n
ZIN	tza		ZU	n
ZIN	tza	te	ZUE	n
( )			TE	n

NOR-NORI-NORK

	DA	T	n
	A/NA	K/N	n
	IO	-	n
dieza(zki)	GU	GU	n
	ZU	ZU	n
	ZUE	ZUE	n
	E	TE	n
N		DA	n
H		A/NA	n
Z		O	n
GEN	ieza(zki)	GU	n
ZEN		ZU	n
ZEN		ZUE	ten
Z		IE	ten

IMPERATIVE

NOR

NOR
( )
hadi
bedi
( )
zaitez
zaitezte
bitez

NOR – NORI

( )			T	
HA	ki		K/N	
BE	ki		O	
( )		zki	GU	
ZA	ki	zki	ZU	
ZA	ki	zki	ZUE	te
BE	ki	zki	E	

NOR-NORK

NA		za	( )
			K/N
BE		za	-
GA	it	za	( )
			ZU
			ZUE
BE	it	za	TE

NOR-NORI-NORK

	T	( )
	K/N	K/N
	IO	-
(B)ieza(zki)	GU	( )
	ZU	ZU
	ZUE	ZUE
	IE	TE

HOW TO CONJUGATE A VERB IN BASQUE

To conjugate a verb in Basque, as for example, the verb *onartu* (to accept), we have to choose the correct aspect structure (simple, perfect, imperfect or future) expressed in the main verb, and then, add the auxiliary verb. The auxiliary verb contains information about the mode, the regime, the aspect (accomplished, unaccomplished), the elements that take part in the action (subject, direct object and indirect object) and the tense (past, present). As we can see, the aspect is shown both in the main and the auxiliary verb.

Note that synthetic verbs don't work under these rules. Each synthetic verb has its own grammatical structures.

Main verb

Simple= VERB STEM + "TZEN"

Perfect= VERB STEM + "TU/DU" (or I/N if it's an ancient Basque verb)

Imperfect= VERB STEM + "TU/DU + IZAN"

Future= VERB STEM + "KO"

Auxiliary verb

The auxiliary verb is built following the structures shown in the NOR-NORI-NORK tables. All the NOR-NORI-NORK tables are listed in the *"Mode of the verb"* section.

For example, if we want to say <u>*I've lost*</u> *my train ticket,* first we'll build the main verb GALDU ("GAL" stem + "DU", Perfect aspect because the action has already happened) and then choose the correct NOR-NORI-NORK conjugation. *I've lost* is an indicative, present and NOR-NORK verb (we have to use NOR-NORK because there is a subject (*Me*) and a direct object (*my train ticket*) in the sentence) so we'll take a look at this specific table:

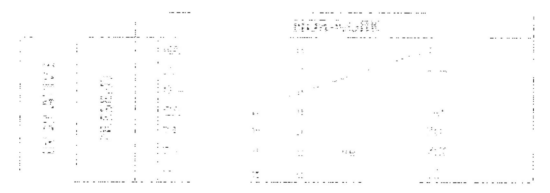

The first column refers to the direct object (starting with "NA" for the 1st singular and ending with "D" for the 3rd plural person) and the last one refers to the subject (starting with "T" for the 1st singular and ending with "TE" for the 3rd plural person)

The direct object is a 3rd singular person (*my train ticket*) so we'll start in the third row and go forwards "D"+"U", and finally we'll choose the subject which is a 1st singular person (*me*), ending with a "T" in the first row last column. This way we'll get "D+U+T" = "DUT".

So, if we want to say *I'VE LOST* in Basque we would say *GALDU DUT*.

I've lost my train ticket = Nire treneko tiketa galdu dut

We will use the same procedure any time we want to conjugate a periphrastic verb. Remember that synthetic verbs are special and they don't follow any rules so if we want to conjugate them we will have to learn how every of these verbs are structured one by one.

Now we'll explain how the most common tense types are structured in Basque and what do they represent or express one by one.

PRESENT

To conjugate the present tense we have to use the following structures:

Tense type	Structure	Example
Present	*Onartzen*+ auxiliary verb	*Onartzen dut* (I accept)
Present Perfect	*Onartu*+ auxiliary verb	*Onartu dut* (I have accepted)
Present Imperfect	*Onartu izan*+ auxiliary verb	*Onartu izan dut* (I have accepted)
Future Tense	*Onartuko*+ auxiliary verb	*Onartuko dut* (I will accept)

Present = In Basque, we use the present tense to express an action or event happening in the present moment. For example:

I accept travelling by train if it's cheaper (*Trenez bidaiatzea onartzen dut merkeago ateratzen bazait*)

Present Perfect = The Present Perfect is used to express an action or event that has recently happened. For example:

They don't accept dollars in that shop so I have accepted paying with euros (*Alboko denda horretan ez dituzte dolarrak onartzen beraz eurotan ordaintzea onartu dut*).

Present Imperfect = In Basque, the present Imperfect tense makes reference to a continuing or repeated recent action or state. For example:

I've always accepted travelling with pleasant people (*Betidanik jende jatorrarekin bidaiatzea onartu izan dut*).

Future = We use the Future tense to express an action or event that will or shall happen. For example:

When he comes properly dressed I'll accept going to the opera with him. (*Egoki jantzita datorrenean onartuko dut berarekin operara joatea*).

PAST

To conjugate the past tense we have to use the following structures:

Tense type	Structure	Example
Past	*Onartzen*+ auxiliary verb	Onartzen nuen (I accepted)
Past Perfect	*Onartu*+ auxiliary verb	Onartu nuen (I accepted)
Past Future (or future in the past)	*Onartuko*+ auxiliary verb	Onartuko nuen (I would accept)

Past= The simple Past tense in Basque is used to express an action or event that happened in the past, for an undefined period of time. We can translate *Onartzen nuen* as "I accepted" or also as "I used to accept". For example:

I accepted waking up at 6 in the morning if we took a little nap after the lunch *(Goizeko 6tan esnatzea onartzen nuen, gero siesta txiki bat hartzen bagenuen bazkaldu ondoren).*

Past Perfect = The simple Past tense in Basque is used to express an action or event that happened in the past, in a defined moment. For example:

Last year I accepted selling the airplane ticket and going with you by bus to Bilbao *(Iaz hegazkin txartela saltzea eta zurekin Bilbora autobusez joatea onartu nuen).*

Past Future = This tense type is used to express the thoughts we had in the past that something would happen in the future. It's very similar to the English "*would*" or "*was going to*". For example:

You knew I would accept the truth (*Bazenekien azkenean egia onartuko nuela*).

In this example, the *nuen* auxiliary verb has an added "-la" suffix, *nuela*. This is because in this sentence the past future verb is part of a direct object. It is very frequent in Basque to use the past future tense into a direct object, changing the ending to the auxiliary, adding the "-la" suffix.

We would like to note that in Basque the past imperfect tense is not used.

CONDITIONAL AND CONSECUENCE

Tense type	Structure	Example
Conditional	*Onartuko* + conditional auxiliary verb	Onartuko banu (If I accepted)
Consequence	*Onartuko* + consequence auxiliary verb	Onartuko nuke (I would accept)

Conditional = In Basque the conditional mode of the verb equals to the english "if" and is always used under a conditional sentence. For example:

If I accepted his proposal we would go to Barcelona (*Bere eskaintza onartuko banu Bartzelonara joango ginateke*).

Consequence = In Basque the consequence mode of the verb is only used after a conditional sentence, and expresses what would happen if that action or event is carried out. For example:

If the landscape is worth seeing, I would gladly accept going by train (*Paisaia ikusgarria bada, gogo onez onartuko nuke trenez bidaiatzea*).

POTENTIAL

Tense type	Structure	Example
Present Potential	*Onartu* + present potential auxiliary verb	Onartu dezaket (I can accept)
Hypothetic Potential	*Onartu* + hypothetic auxiliary verb	Onartu nezake (I could accept)

Present Potential = We use the present potential to express the real possibility of an action or event happening in the present. For example:

I can accept a change of room as long as the new one has a balcony (*Logela aldaketa bat onartu dezaket berriak balkoia duen bitartean*).

Hypothetic Potential = In Basque we use the hypothetic potential when something could happen, but it's not so probable or could be difficult to achieve. For example,

I could accept leaving one day before, but we would have to see the whole country in just two days (*Egun bat lehenago joatea onartu nezake, baina herrialde osoa bi egunetan ikusi beharko genuke*).

TO ACCEPT – ONARTU

Tense type	Structure	Example
PRESENT	*Onartzen*+indicative auxiliary verb	Onartzen dut (I accept)
PRESENT PERFECT	*Onartu*+ indicative auxiliary verb	Onartu dut (I have accepted)
PRESENT IMPERFECT	*Onartu izan*+ indicative auxiliary verb	Onartu izan dut (I have accepted)
FUTURE TENSE	*Onartuko*+ indicative auxiliary verb	Onartuko dut (I will accept)
PAST	*Onartzen*+ past auxiliary verb	Onartzen nuen (I used to accept)
PAST PERFECT	*Onartu*+ past auxiliary verb	Onartu nuen (I accepted)
PAST FUTURE	*Onartuko*+ past auxiliary verb	Onartuko nuen (I would accept)
CONDITIONAL	*Onartuko* + conditional auxiliary verb	Onartuko banu (If I accepted)
CONSEQUENCE	*Onartuko* + consecuence auxiliary verb	Onartuko nuke (I would accept)
PRESENT POTENTIAL	*Onartu* + present potential auxiliary verb	Onartu dezaket (I can accept)
HYPOTHETIC POTENTIAL	*Onartu* + hypothetic auxiliary verb	Onartu nezake (I could accept)

REGIME: NOR-NORK

The verb "To Accept" in Basque, "Onartu", is built under a NOR-NORK regime (To accept something).

To build the correct auxiliary verb, please go to the mode tables and select the corresponding NOR-NORK regime table.

PRESENT	Trenez bidaiatzea <u>onartzen dut</u> merkeago ateratzen bazait. *I accept travelling by train if it's cheaper.*
PRESENT PERFECT	Alboko denda horretan ez dituzte dolarrak onartzen beraz eurotan ordaintzea <u>onartu dut</u>. *They don't accept dollars in that shop so I have accepted paying with euros.*
PRESENT IMPERFECT	Betidanik jende jatorrarekin bidaiatzea <u>onartu izan dut</u>. *I've always accepted travelling with pleasant people.*
FUTURE TENSE	Egoki jantzita datorrenean <u>onartuko dut</u> berarekin operara joatea. *When he comes properly dressed I'll accept going to the opera with him.*
PAST	Goizeko 6tan esnatzea <u>onartzen nuen</u>, gero siesta txiki bat hartzen bagenuen bazkaldu ondoren. *I accepted waking up at 6 in the morning if we took a little nap after the lunch.*
PAST PERFECT	Iaz hegazkin txartela saltzea eta zurekin Bilbora autobusez joatea <u>onartu nuen</u>, orain zuk gauza bera egin beharko zenuke niregatik. *Last year I accepted selling the airplane ticket and going with you by*

	bus to Bilbao, now you should do the same for me.
PAST FUTURE	Bazenekien azkenean egia <u>onartuko nuela</u>. *You knew I would accept the truth.*
CONDITIONAL	Bere eskaintza <u>onartuko banu</u> Bartzelonara joango ginateke. *<u>If I accepted</u> his proposal we would go to Barcelona.*
CONSEQUENCE	Paisaia ikusgarria bada, gogo onez <u>onartuko nuke</u> trenez bidaiatzea. *If the landscape is worth seeing, <u>I would</u> gladly <u>accept</u> going by train.*
PRESENT POTENTIAL	Logela aldaketa bat <u>onartu dezaket</u> berriak balkoia duen bitartean. *<u>I can accept</u> a change of room as long as the new one has a balcony.*
HYPOTHETIC POTENTIAL	Egun bat lehenago joatea <u>onartu nezake</u>, baina herrialde osoa bi egunetan ikusi beharko genuke. *I could accept leaving one day before, but we would have to see the whole country in just two days.*

NON-FINITE VERB FORMS

Stem	*Onar*
Participle	*Onartu*
Verb noun	*Onartzea*

TO ADMIT – ONARTU

Tense type	Structure	Example
PRESENT	*Onartzen*+indicative auxiliary verb	Onartzen dizut (I admit)
PRESENT PERFECT	*Onartu*+ indicative auxiliary verb	Onartu dizut (I have admitted)
PRESENT IMPERFECT	*Onartu izan*+ indicative auxiliary verb	Onartu izan dizut (I have admitted)
FUTURE TENSE	*Onartuko*+ indicative auxiliary verb	Onartuko dizut (I will admit)
PAST	*Onartzen*+ past auxiliary verb	Onartzen nizun (I used to admit)
PAST PERFECT	*Onartu*+ past auxiliary verb	Onartu nizun (I admitted)
PAST FUTURE	*Onartuko*+ past auxiliary verb	Onartuko nizun (I would admit)
CONDITIONAL	*Onartuko* + conditional auxiliary verb	Onartuko banizu (If I admitted)
CONSEQUENCE	*Onartuko* + consequence auxiliary verb	Onartuko nizuke (I would admit)
PRESENT POTENTIAL	*Onartu* + present potential auxiliary verb	Onartu diezazuket (I can admit)
HYPOTHETIC POTENTIAL	*Onartu* + hypothetic auxiliary verb	Onartu niezazuke (I could admit)

REGIME: NOR-NORK, NOR-NORI-NORK

The verb "To Admit" in Basque, "Onartu", can be built under a NOR-NORK regime (To admit something) or a NOR-NORI-NORK regime (To admit something to someone).

To build the correct auxiliary verb, please go to the mode tables and select the corresponding NOR-NORK or NOR-NORI-NORK regime table.

PRESENT	<u>Onartzen dizut</u> inoiz ez naizela bizikletan ibili. *<u>I admit</u> I've never ridden a bike.*
PRESENT PERFECT	Musikariek <u>onartu digute</u> abesti hau jotzen duten lehen aldia dela. *The musicians <u>have admitted</u> that it's the first time they play this song.*
PRESENT IMPERFECT	Maindireak ez dituela egunero bi aldiz aldatzen <u>onartu izan digu</u> ostalariak. *The host <u>has admitted </u>that she doesn't change the bed sheets twice a day.*
FUTURE TENSE	Kontzertu bat Kursaalean ematen duzunean <u>onartuko dizute</u> abeslari ona zarela. *When you give a concert in Kursaal <u>they'll admit</u> that you are a good singer.*
PAST	Herritarrek <u>onartzen ziguten</u> ez zela turista askorik ikusten herriko ostatuan. *The residents <u>used to admit</u> they didn't see many turists in the hostal.*
PAST PERFECT	Neurketak ikusi ondoren <u>onartu zidaten</u> kontaminazio maila altua zela. *<u>They admitted </u>a high pollution level after reading the field*

	research paper.
PAST FUTURE	Hitz jario luze baten ondoren <u>onartuko hizuten</u> dendak ez duela janari begetarianorik saltzen. *After a long talk <u>they would admit</u> they don't sell vegetarian food.*
CONDITIONAL	Egin ditudan pekatu guztiak <u>onartuko banizkizu</u>... *<u>If I admitted</u> the sins I've commited...*
CONSEQUENCE	Konfindantza gehiago bagenu egin ditudan pekatu guztiak <u>onartuko nizkizuke</u>. *If we were more confident <u>I would admit</u> all the sins I've commited.*
PRESENT POTENTIAL	<u>Onartu diezazuket</u> inoiz ez naizela Nafarroara hurbildu. *<u>I can admit</u> I've never been to Nafarroa.*
HYPOTHETIC POTENTIAL	<u>Onartu zeniezadake</u> zenbat koka-kola edaten dituzun egunero? *<u>Could you admit</u> how many cokes you drink every day?*

NON-FINITE VERB FORMS

Stem	*Onar*
Participle	*Onartu*
Verb noun	*Onartzea*

TO ANSWER – ERANTZUN

Tense type	Structure	Example
PRESENT	*Erantzuten*+indicative auxiliary verb	Erantzuten dizut (I answer)
PRESENT PERFECT	*Erantzun*+ indicative auxiliary verb	Erantzun dizut (I have answered)
PRESENT IMPERFECT	*Erantzun izan*+ indicative auxiliary verb	Erantzun izan dizut (I have answerted)
FUTURE TENSE	*Erantzungo*+ indicative auxiliary verb	Erantzungo dizut (I will answer)
PAST	*Erantzuten*+ past auxiliary verb	Erantzuten nizun (I used to answer)
PAST PERFECT	*Erantzun*+ past auxiliary verb	Erantzun nizun (I answered)
PAST FUTURE	*Erantzungo*+ past auxiliary verb	Erantzungo nizun (I would answer)
CONDITIONAL	*Erantzungo* + conditional auxiliary verb	Erantzungo banizu (If I answered)
CONSEQUENCE	*Erantzungo* + consequence auxiliary verb	Erantzungo nizuke (I would answer)
PRESENT POTENTIAL	*Erantzun* + present potential auxiliary verb	Erantzun diezazuket (I can answer)
HYPOTHETIC POTENTIAL	*Erantzun* + hypothetic auxiliary verb	Erantzun niezazuke (I could answer)

REGIME: NOR-NORK / NOR-NORI-NORK

The verb "To Answer" in Basque, "Erantzun", can be built under a NOR-NORK regime (To answer something) or a NOR-NORI-NORK regime (To answer something to someone).

To build the correct auxiliary verb, please go to the mode tables and select the corresponding NOR-NORK or NOR-NORI-NORK regime table.

PRESENT	Galdetzen didaten guztiari <u>erantzuten diot</u> beti. *I always <u>answer</u> to every question.*
PRESENT PERFECT	<u>Ez didazu erantzun</u> bidali dizudan mezuari. *<u>You've not answered</u> to the message I've just sent you.*
PRESENT IMPERFECT	Beti <u>erantzun izan dute</u>, euskeraz galdetu dietenean ere. *They've always <u>answered</u> even when they've been asked in Basque.*
FUTURE TENSE	Gutuna iristen denean <u>erantzungo digute</u>. *<u>They'll answer</u> when they receive the letter.*
PAST	Koba barruan oihu egin eta kobazuloak <u>erantzuten zien</u>. *They shouted inside the cave and the cave <u>answered</u> them.*
PAST PERFECT	Euskera jator batean <u>erantzun zidan</u>. *<u>She answered</u> me in perfect Basque.*
PAST FUTURE	<u>Erantzungo nindutela</u> zin egin zidaten. *They promised <u>they would answer</u> me.*
CONDITIONAL	<u>Erantzungo bahindute</u> jakingo huke joan behar duan ala ez. *If they*

	answered you, you would know if you have to go or not.
CONSEQUENCE	Arrantzari buruz gehiago baneki gustura <u>erantzungo nituzke</u> zure galdera guztiak. _If I knew more about fishing <u>I would</u> gladly <u>answer</u> all the questions you have._
PRESENT POTENTIAL	Telefonoa <u>erantzun dezakezu</u>, mesedez? _Can you answer the phone, please?_
HYPOTHETIC POTENTIAL	Galdera hori begiak itxita <u>erantzun nezake</u>. _I could answer that question with my eyes closed._

NON-FINITE VERB FORMS

Stem	_Erantzun_
Participle	_Erantzun_
Verb noun	_Erantzutea_

TO APPEAR – AGERTU

Tense type	Structure	Example
PRESENT	*Agertzen*+indicative auxiliary verb	Agertzen da (it appears)
PRESENT PERFECT	*Agertu*+ indicative auxiliary verb	Agertu da (it has appeared)
PRESENT IMPERFECT	*Agertu izan*+ indicative auxiliary verb	Agertu izan da (it has appeared)
FUTURE TENSE	*Agertuko*+ indicative auxiliary verb	Agertuko da (it will appear)
PAST	*Agertzen*+ past auxiliary verb	Agertzen zen (it used to appear)
PAST PERFECT	*Agertu*+ past auxiliary verb	Agertu zen (it appeared)
PAST FUTURE	*Agertuko*+ past auxiliary verb	Agertuko zen (it would appear)
CONDITIONAL	*Agertuko* + conditional auxiliary verb	Agertuko balitz (If it appeared)
CONSEQUENCE	*Agertuko* + consequence auxiliary verb	Agertuko litzateke (it would appear)
PRESENT POTENTIAL	*Agertu* + present potential auxiliary verb	Agertu daiteke (it can appear)
HYPOTHETIC POTENTIAL	*Agertu* + hypothetic auxiliary verb	Agertu liteke (it could appear)

REGIME: NOR/ NOR-NORI

The verb "To Appear" in Basque, "Agertu", can be built under a NOR regime (To appear) or a NOR-NORI regime (To appear to someone or oriented to someone).

To build the correct auxiliary verb, please go to the mode tables and select the corresponding NOR or NOR-NORI regime table.

PRESENT	Non <u>agertzen da</u> Gasteiz mapa honetan? *Where does Gasteiz appear in this map?*
PRESENT PERFECT	Autobusa bi ordu berandu <u>agertu da</u> aireportuan. *The bus has appeared 2 hours late at the airport.*
PRESENT IMPERFECT	Baso honetan azeriak <u>agertu izan dira</u> askotan. *Foxes have appeared many times in this forest.*
FUTURE TENSE	Festan <u>agertuko gara</u> abisatu gabe. *We'll appear in the party by surprise.*
PAST	Lehen tarifa desberdinak taula batean <u>agertzen ziren</u>. *In the past all the different rates used to appear on a table.*
PAST PERFECT	Maletarik gabe <u>agertu zen</u>. *He appeared without his luggage.*
PAST FUTURE	Herritik joan baino lehen <u>agertuko zela</u> esan zuen. *He said he would appear before leaving the town.*
CONDITIONAL	Museoa mapan <u>agertuko balitz</u> errazago iritsiko ginateke. *If the*

	museum <u>appeared</u> in the map we would get there easier.
CONSEQUENCE	Korrikan parte hartuko bagenu periodikoetan <u>agertuko ginateke</u>. *If we partiipate in the Korrika <u>we would appear</u> in the papers.*
PRESENT POTENTIAL	Izena ematen baduzu zure argazkia gure web orrian <u>agertu daiteke</u>. *If you get a subscription your photo <u>can appear</u> in our website.*
HYPOTHETIC POTENTIAL	Ekarri ordenagailua, bilatzen duzun informazioa Wikipedian <u>agertu liteke</u>. *Bring the laptop, the information you are looking for <u>could appear</u> in Wikipedia.*

NON-FINITE VERB FORMS

Stem	*Agertu*
Participle	*Agertu*
Verb noun	*Agertzea*

TO ASK – GALDETU

Tense type	Structure	Example
PRESENT	*Galdetzen*+indicative auxiliary verb	*Galdetzen dut* (I ask)
PRESENT PERFECT	*Galdetu*+ indicative auxiliary verb	*Galdetu dut* (I have asked)
PRESENT IMPERFECT	*Galdetu izan*+ indicative auxiliary verb	*Galdetu izan dut* (I have asked)
FUTURE TENSE	*Galdetuko*+ indicative auxiliary verb	*Galdetuko dut* (I will ask)
PAST	*Galdetzen*+ past auxiliary verb	Galdetzen nuen (I used to ask)
PAST PERFECT	*Galdetu*+ past auxiliary verb	Galdetu nuen (I asked)
PAST FUTURE	*Galdetuko*+ past auxiliary verb	Galdetuko nuen (I would ask)
CONDITIONAL	*Galdetuko* + conditional auxiliary verb	Galdetuko banu (If I asked)
CONSEQUENCE	*Galdetuko* + consequence auxiliary verb	Galdetuko nuke (I would ask)
PRESENT POTENTIAL	*Galdetu* + present potential auxiliary verb	Galdetu dezaket (I can ask)
HYPOTHETIC POTENTIAL	*Galdetu* + hypothetic auxiliary verb	Galdetu nezake (I could ask)

REGIME: NOR-NORK, NOR-NORI-NORK

The verb "To Ask" in Basque, "Galdetu", can be built under a NOR-NORK regime (To ask something) or a NOR-NORI-NORK regime (To ask something to someone).

To build the correct auxiliary verb, please go to the mode tables and select the corresponding NOR-NORK or NOR-NORI-NORK regime table.

PRESENT	Gauza asko <u>galdetzen ditu</u> ziur ez dagoenean. *He asks a lot of questions when I feel insecure.*
PRESENT PERFECT	Trena noiz irtetzen den <u>galdetu</u> al <u>duzu</u>? *Have you asked when is the train leaving?*
PRESENT IMPERFECT	Betidanik gauzak zenbat balio duten <u>galdetu izan dut</u> hauek erosi baino lehen. *I've always asked how much things cost before buying them.*
FUTURE TENSE	Helbidea <u>galdetuko dugu</u> Hondarribira iristen garenean. *We'll ask for the address when we get to Hondarribia.*
PAST	Ordua minuturo <u>galdetzen zuten</u>. *They used to ask what time it was every minute.*
PAST PERFECT	Bere izena hiru aldiz <u>galdetu nion</u>. *I asked for his name three times.*
PAST FUTURE	Pastel goxo horiek nola egiten dituen <u>galdetuko niola</u> zin egin nion. *I*

	promised him <u>*I would ask her*</u> *how she makes those delicious cakes.*
CONDITIONAL	Non bizi den <u>galdetuko banio</u>...<u>*If I asked him*</u> *where he lives...*
CONSEQUENCE	Irakaslea jatorragoa balitz gehiago <u>galdetuko nuke</u> klasean. *If the teacher was nicer* <u>*I would ask*</u> *more questions during class.*
PRESENT POTENTIAL	5 minututan gauza asko <u>galdetu daitezke</u>. <u>*You can ask*</u> *a lot of questions in five minutes.*
HYPOTHETIC POTENTIAL	Noiz etorriko den <u>galdetu genezake</u>. <u>*We could ask*</u> *when he is coming.*

NON-FINITE VERB FORMS

Stem	*Galde*
Participle	*Galdetu*
Verb noun	*Galdetzea*

TO BE – GAI IZAN

Tense type	Structure	Example
PRESENT	Indicative auxiliary verb	Naiz (I am)
PRESENT PERFECT	*Izan* + indicative auxiliary verb	Izan naiz (I have been)
PRESENT IMPERFECT	*Izaten* + indicative auxiliary verb	Izaten naiz (I use to be)
FUTURE TENSE	*Izango* + indicative auxiliary verb	Izango naiz (I will be)
PAST	*Izaten* + past auxiliary verb	Izaten nintzen (I used to be)
PAST PERFECT	*Izan* + past auxiliary verb	Izan nintzen (I was)
PAST FUTURE	*Izango* + past auxiliary verb	Izango nintzen (I would be)
CONDITIONAL	*Izango* + conditional auxiliary verb	Izango banintz (If I were)
CONSEQUENCE	*Izango* + consequence auxiliary verb	Izango nintzateke (I would be)
PRESENT POTENTIAL	*Izan* + present potential auxiliary verb	Izan naiteke (I can be)
HYPOTHETIC POTENTIAL	*izan* + hypothetic auxiliary verb	Izan ninteke (I could be)

REGIME: NOR

The verb "To Be" in Basque, "Izan", is built under a NOR regime (To be), but when we use it as an auxiliary verb it can be built under a NOR, NOR-NORK, NOR-NORI or NOR-NORI-NORK regime.

To build the correct auxiliary verb, please go to the mode tables and select the corresponding NOR regime table.

PRESENT	Mikel oso altua <u>da</u>. *Mikel <u>is</u> very tall.*
PRESENT PERFECT	Oso partidu interesgarria <u>izan da</u>. *<u>It's been</u> a very interesting match.*
PRESENT IMPERFECT	Emakume hau oso eskuzabala <u>izaten da</u> beti bere lagunekin. *This woman <u>has</u> always <u>been</u> very generous with her friends.*
FUTURE TENSE	Azterketa hori gainditzen badut ingeniaria <u>izango naiz</u>. *<u>I'll be</u> an engineer if I pass that exam.*
PAST	Oso arduragabeak <u>izaten ginen</u> gaztetan. *<u>We used to be</u> very carefree when we were younger.*
PAST PERFECT	Picasso oso ospetsua <u>izan zen</u> bere garaian. *Picasso <u>was</u> very famous in his time.*
PAST FUTURE	Bere laguna <u>izango zela</u> esan zion. *He said <u>he would be</u> his friend.*

CONDITIONAL	Indartsuagoa <u>izango banintz</u>...*If I were stronger...*
CONSEQUENCE	Diru asko banu filantropo <u>izango nintzateke</u>. *If I had a lot of money <u>I would be</u> a philanthropist.*
PRESENT POTENTIAL	Asko marrazten baduzu artista ona <u>izan zaitezke</u>. *If you draw a lot <u>you can be</u> a good artist.*
HYPOTHETIC POTENTIAL	Oso ideia ona <u>izan liteke</u>! *That <u>could be</u> a very good idea!*

NON-FINITE VERB FORMS

Stem	*Izan*
Participle	*Izan*
Verb noun	*Izatea*

TO BE ABLE TO – GAI IZAN

Tense type	Structure	Example
PRESENT	Indicative auxiliary verb	Gai naiz (I am able to)
PRESENT PERFECT	*Gai izan* + indicative auxiliary verb	Gai izan naiz (I have been able to)
PRESENT IMPERFECT	*Gai izaten* + indicative auxiliary verb	Gai izaten naiz (I 'm usually able to)
FUTURE TENSE	*Gai izango* + indicative auxiliary verb	Gai izango naiz (I will be able to)
PAST	*Gai izaten* + past auxiliary verb	Gai izaten nintzen (I used to be able to)
PAST PERFECT	*Gai izan* + past auxiliary verb	Gai izan nintzen (I was able to)
PAST FUTURE	*Gai izango* + past auxiliary verb	Gai izango nintzen (I would be able to)
CONDITIONAL	*Gai izango* + conditional auxiliary verb	Gai izango banintz (If I were able to)
CONSEQUENCE	*Gai izango* + consequence auxiliary verb	Gai izango nintzateke (I would be able to)
PRESENT POTENTIAL	*Gai izan* + present potential auxiliary verb	Gai izan naiteke (I can be able to)
HYPOTHETIC POTENTIAL	*Gai izan* + hypothetic auxiliary verb	Gai izan ninteke (I could be able to)

REGIME: NOR

The verb "To be able to" in Basque, "Gai izan", is built under a NOR regime (To be able to).

To build the correct auxiliary verb, please go to the mode tables and select the corresponding NOR regime table.

PRESENT	Bizikletan ibiltzeko gai al zara? *Are you able to ride a bike?*
PRESENT PERFECT	Begietara begiratzeko gai izan naiz. *I have been able to look her in the eye.*
PRESENT IMPERFECT	Goiz esnatzeko gai izaten naiz normalean. *Usually I'm able to wake up early in the morning.*
FUTURE TENSE	Nire aurrean dagoenean hitz egiteko gai izango al naiz? *Will I be able to speak to her when she is in front of me?*
PAST	Poema ederrak idazteko gai izaten nintzen. *I used to be able to write beautiful poems.*
PAST PERFECT	Ez nintzen egia esateko gai izan. *I wasn't able to tell the truth.*
PAST FUTURE	Banekien bakailu plater handi hori jateko gai izango nintzela. *I knew I would be able to eat that big "bakailu" dish.*
CONDITIONAL	Magia egiteko gai izango bazina…*If you were able to do magic…*

CONSEQUENCE	Endika gurekin balitz partidua irabazteko <u>gai izango ginateke</u>. *If Endika were with us <u>we would be able to</u> win the match.*
PRESENT POTENTIAL	Zugan sinisten baduzu edozer egiteko <u>gai izan zaitezke</u>. *<u>You can be able to</u> do anything if you believe in yourself.*
HYPOTHETIC POTENTIAL	Hiru gol sartzeko <u>gai izan liteke</u>. *<u>He could be able to</u> score three goals.*

NON-FINITE VERB FORMS

Stem	*Gai izan*
Participle	*Gai izan*
Verb noun	*Gai izatea*

TO BECOME – BIHURTU

Tense type	Structure	Example
PRESENT	*Bihurtzen*+indicative auxiliary verb	Bihurtzen da (it becomes)
PRESENT PERFECT	*Bihurtu*+ indicative auxiliary verb	Bihurtu da (it has become)
FUTURE TENSE	*Bihurtuko*+ indicative auxiliary verb	Bihurtuko da (it will become)
PAST	*Bihurtzen*+ past auxiliary verb	Bihurtzen zen (it used to become)
PAST PERFECT	*Bihurtu*+ past auxiliary verb	Bihurtu zen (it became)
PAST FUTURE	*Bihurtuko*+ past auxiliary verb	Bihurtuko zen (it would become)
CONDITIONAL	*Bihurtuko* + conditional auxiliary verb	Bihurtuko balitz (If it became)
CONSEQUENCE	*Bihurtuko* + consequence auxiliary verb	Bihurtuko litzateke (it would become)
PRESENT POTENTIAL	*Bihurtu* + present potential auxiliary verb	Bihurtu daiteke (it can become)
HYPOTHETIC POTENTIAL	*Bihurtu* + hypothetic auxiliary verb	Bihurtu liteke (it could become)

REGIME: NOR/ NOR-NORK

The verb "To Become" in Basque, "Bihurtu", can be built under a NOR regime (To become) or a NOR -NORK regime (To turn something or someone into something).

To build the correct auxiliary verb, please go to the mode tables and select the corresponding NOR-NORK or NOR regime table.

PRESENT	Filme bukaeran protagonista mediku <u>bihurtzen da</u>. *By the end of the film the main character <u>becomes</u> a doctor.*
PRESENT PERFECT	Lantegi zaharra museo <u>bihurtu dute</u>. *The old factory <u>has become</u> a museum.*
FUTURE TENSE	Denborarekin lagun onak <u>bihurtuko dira</u>. *<u>They will become</u> good friends over time.*
PAST	Bere ametsan eguzkia supernova <u>bihurtzen zen</u>. *In her dream the sun <u>became</u> a supernova.*
PAST PERFECT	Oso itsasontzi famatua <u>bihurtu zen</u> Zarautzen. *<u>It became</u> a very famous ship in Zarautz.*
PAST FUTURE	Ideia horrekin pertsona aberatsa <u>bihurtuko zela</u> konturatu zen. *He noticed that <u>he would become</u> rich with that idea.*
CONDITIONAL	Errege <u>bihurtuko banintz</u>...*<u>If I became</u> king...*
CONSEQUENCE	Garestiagoa balitz luxuzko produktu <u>bihurtuko litzateke</u>. *If it were*

	more expensive <u>it would become</u> a luxury product.
PRESENT POTENTIAL	Liburu batekin bidaia luze bat atsegin <u>bihurtu daiteke</u>. *A long journey <u>can become</u> pleasant with a book in your hands.*
HYPOTHETIC POTENTIAL	Galdera hau examineko galdera garrantzitsuena <u>bihurtu liteke</u>. *This <u>could become</u> the most important question of the test.*

NON-FINITE VERB FORMS

Stem	*Bihur*
Participle	*Bihurtu*
Verb noun	*Bihurtzea*

TO BEGIN – HASI

Tense type	Structure	Example
PRESENT	*Hasten*+indicative auxiliary verb	Hasten da (it begins)
PRESENT PERFECT	*Hasi*+ indicative auxiliary verb	Hasi da (it has begun)
PRESENT IMPERFECT	*Hasi izan*+ indicative auxiliary verb	Hasi izan da (it has begun)
FUTURE TENSE	*Hasiko*+ indicative auxiliary verb	Hasiko da (it will appear)
PAST	*Hasten*+ past auxiliary verb	Hasten zen (it used to begin)
PAST PERFECT	*Hasi*+ past auxiliary verb	Hasi zen (it began)
PAST FUTURE	*Hasiko*+ past auxiliary verb	Hasiko zen (it would begin)
CONDITIONAL	*Hasiko* + conditional auxiliary verb	Hasiko balitz (If it began)
CONSEQUENCE	*Hasiko* + consequence auxiliary verb	Hasiko litzateke (it would begin)
PRESENT POTENTIAL	*Hasi* + present potential auxiliary verb	Hasi daiteke (it can begin)
HYPOTHETIC POTENTIAL	*Hasi* + hypothetic auxiliary verb	Hasi liteke (it could begin)

REGIME: NOR, NOR-NORK

The verb "To Begin" in Basque, "Hasi", is built under a NOR regime (To begin) or a NOR-NORK regime (To begin something by someone).

To build the correct auxiliary verb, please go to the mode tables and select the corresponding NOR or NOR-NORK regime table.

PRESENT	Pelikula 20:00tan <u>hasten da</u>. *The film <u>begins</u> at 20:00.*
PRESENT PERFECT	Etxera banatzen <u>hasi dira</u> jatetxean. *<u>They have begun</u> making home deliveries at the restaurant.*
PRESENT IMPERFECT	Herriko jaiak ekaineko azken astean <u>hasi izan dira</u> betidanik. *Local festivities <u>have always begun</u> on the last week of June.*
FUTURE TENSE	Tourra Arriaga antzokian <u>hasiko da</u>. *The tour <u>will begin</u> in the Arriaga Theater.*
PAST	Akelarrea dantza erritual batekin <u>hasten zen</u>. *The "Akelarre" <u>used to begin</u> with a ritual dance.*
PAST PERFECT	Bere laguntzarekin txalupa mugitzen <u>hasi ginen</u>. *We <u>began</u> to move the boat with his help.*
PAST FUTURE	Afaria entsalada arin batekin <u>hasiko zela</u> esan zidan Mirenek. *Miren told me that the dinner <u>would begin</u> with a light salad.*

CONDITIONAL	Eskerrak ematen <u>hasiko balitz</u> harkorrago egongo ginateke. *<u>If he began</u> saying thank you we would be more receptive.*
CONSEQUENCE	Barrez <u>hasiko zinateke</u> txiste hori entzungo bazenu. *<u>You would begin</u> to laugh if you heard that joke.*
PRESENT POTENTIAL	Nahi duzunean <u>hasi zaitezke</u>. *<u>You can begin</u> when you please.*
HYPOTHETIC POTENTIAL	Ura edozein momentutan irakiten <u>hasi liteke</u>. *The water <u>could begin</u> to boil at any moment.*

NON-FINITE VERB FORMS

Stem	*Has*
Participle	*Hasi*
Verb noun	*Hastea*

TO BREAK – APURTU

Tense type	Structure	Example
PRESENT	*Apurtzen*+indicative auxiliary verb	Apurtzen dut (I break)
PRESENT PERFECT	*Apurtu*+ indicative auxiliary verb	Apurtu dut (I have broken)
PRESENT IMPERFECT	*Apurtu izan*+ indicative auxiliary verb	Apurtu izan dut (I have broken)
FUTURE TENSE	*Apurtuko*+ indicative auxiliary verb	Apurtuko dut (I will break)
PAST	*Apurtzen*+ past auxiliary verb	Apurtzen nuen (I used to break)
PAST PERFECT	*Apurtu*+ past auxiliary verb	Apurtu nuen (I broke)
PAST FUTURE	*Apurtuko*+ past auxiliary verb	Apurtuko nuen (I would break)
CONDITIONAL	*Apurtuko* + conditional auxiliary verb	Apurtuko banu (If I broke)
CONSEQUENCE	*Apurtuko* + consequence auxiliary verb	Apurtuko nuke (I would break)
PRESENT POTENTIAL	*Apurtu* + present potential auxiliary verb	Apurtu dezaket (I can break)
HYPOTHETIC POTENTIAL	*Apurtu* + hypothetic auxiliary verb	Apurtu nezake (I could break)

REGIME: NOR, NOR-NORK, NOR-NORI-NORK

The verb "To Break" in Basque, "Apurtu", is built under a NOR regime (To break), NOR-NORK regime (To break something) or NOR-NORI-NORK regime (To break something to someone).

To build the correct auxiliary verb, please go to the mode tables and select the corresponding NOR, NOR-NORK or NOR-NORI-NORK regime table.

PRESENT	Plater hauek oso erraz <u>aputzen dira</u>. *These dishes <u>break</u> very easily.*
PRESENT PERFECT	Lehioa <u>apurtu diote</u> Patxiri. *<u>They have broken</u> Patxi's window.*
PRESENT IMPERFECT	Haize gogorrak txorien kaiola <u>apurtu izan du</u> askotan. *The rough wind <u>has</u> often <u>broken</u> the bird's cage.*
FUTURE TENSE	Ondo erabiltzen ez baduzu izozki makina <u>apurtuko duzu</u>. *If you don't use it properly <u>you'll break</u> the ice-cream machine.*
PAST	Konpondu aurretik, bideo kontsola horrek jartzen genizkion jokuak <u>apurtzen zituen</u>. *Before we fixed it, that videogame console <u>used to break</u> the games we put into it.*
PAST PERFECT	Nire aitaren erlojua nahi gabe <u>apurtu nuen</u>. *<u>I broke</u> my father's watch accidentally.*
PAST FUTURE	Argi zegoen egunen batean aulki zahar hori <u>apurtuko zela</u>. *It was

	clear as water that one day that old chair would break.
CONDITIONAL	Ordenagailua <u>apurtuko balitz</u>...<u>If</u> the computer <u>broke</u>...
CONSEQUENCE	Bero gehiago egingo balu termometroa <u>apurtuko litzateke</u>. *If it was hotter here the thermometer would break.*
PRESENT POTENTIAL	Gogorrago saiatzen bagara munduko errekorra <u>apurtu dezakegu</u>. *If we try harder we can break the world record.*
HYPOTHETIC POTENTIAL	Kontuz! Soinekoa <u>apurtu zenezake</u>. *Be careful! You could break your dress.*

NON-FINITE VERB FORMS

Stem	*Apur*
Participle	*Apurtu*
Verb noun	*Apurtzea*

TO BREATHE – ARNASTU

Tense type	Structure	Example
PRESENT	*Arnasten*+indicative auxiliary verb	Arnasten dut (I breathe)
PRESENT PERFECT	*Arnastu*+ indicative auxiliary verb	Arnastu dut (I have breathed)
PRESENT IMPERFECT	*Arnastu izan*+ indicative auxiliary verb	Arnastu izan dut (I have breathed)
FUTURE TENSE	*Arnastuko*+ indicative auxiliary verb	Arnastuko dut (I will breathe)
PAST	*Arnasten*+ past auxiliary verb	Arnasten nuen (I used to breathe)
PAST PERFECT	*Arnastu*+ past auxiliary verb	Arnastu nuen (I breathed)
PAST FUTURE	*Arnastuko*+ past auxiliary verb	Arnastuko nuen (I would breathe)
CONDITIONAL	*Arnastuko* + conditional auxiliary verb	Arnastuko banu (If I breathed)
CONSEQUENCE	*Arnastuko* + consequence auxiliary verb	Arnastuko nuke (I would breathe)
PRESENT POTENTIAL	*Arnastu* + present potential auxiliary verb	Arnastu dezaket (I can breathe)
HYPOTHETIC POTENTIAL	*Arnastu* + hypothetic auxiliary verb	Arnastu nezake (I could breathe)

REGIME: NOR-NORK

The verb "To Breathe" in Basque, "Arnastu", is built under a NOR-NORK regime (To breathe something).

To build the correct auxiliary verb, please go to the mode tables and select the corresponding NOR-NORK regime table.

PRESENT	Arrainek ur azpian <u>arnasten dute</u>. *Fish can <u>breathe</u> under wáter.*
PRESENT PERFECT	Inoiz <u>ez dut</u> aire garbiagorik <u>arnastu</u>. *<u>I have</u> never <u>breathed</u> such a pure air.*
PRESENT IMPERFECT	Aire kutsatua <u>arnastu izan dute</u> beti Lezoko langileak. *The workers of Lezo <u>have</u> always <u>breathed</u> polluted air.*
FUTURE TENSE	Sakon <u>arnastuko dugu</u> gailurrera iristen garenean. *<u>We will breathe</u> deeply when we reach the top.*
PAST	Umea zenean etenka <u>arnasten zuen</u> negarrez hasi baino lehen. *When she was a baby <u>she used to breathe</u> intermittently before she started to cry.*
PAST PERFECT	Sutean ke apur bat <u>arnastu genuen</u>. *<u>We breathed</u> some smoke in the fire.*
PAST FUTURE	Makina horrekin martitzen <u>arnastuko genuela</u> esan zuen irakasleak.

	The teacher said that we would breathe in Mars with that machine.
CONDITIONAL	Aire garbiagoa arnastuko bagenu...*If we breathed a cleaner air...*
CONSEQUENCE	Nitrogeno kantitate txikiagoak arnastuko genituzke. *We would breathe a smaller amount of nitrogen.*
PRESENT POTENTIAL	Aire-garbitzaile batekin hobeto arnastu dezakezu. *You can breathe better with an air purifier.*
HYPOTHETIC POTENTIAL	Aquaman banintz ur azpian arnastu nezake. *If I was Aquaman I could breathe underwater.*

NON-FINITE VERB FORMS

Stem	*Arnas*
Participle	*Arnastu*
Verb noun	*Arnastea*

TO BUY – EROSI

Tense type	Structure	Example
PRESENT	*Erosten*+indicative auxiliary verb	Erosten dut (I buy)
PRESENT PERFECT	*Erosi*+ indicative auxiliary verb	Erosi dut (I have bought)
PRESENT IMPERFECT	*Erosi izan*+ indicative auxiliary verb	Erosi izan dut (I have bought)
FUTURE TENSE	*Erosiko*+ indicative auxiliary verb	Erosiko dut (I will buy)
PAST	*Erosten*+ past auxiliary verb	Erosten nuen (I used to buy)
PAST PERFECT	*Erosi*+ past auxiliary verb	Erosi nuen (I bought)
PAST FUTURE	*Erosiko*+ past auxiliary verb	Erosiko nuen (I would buy)
CONDITIONAL	*Erosiko* + conditional auxiliary verb	Erosiko banu (If I bought)
CONSEQUENCE	*Erosiko* + consequence auxiliary verb	Erosiko nuke (I would buy)
PRESENT POTENTIAL	*Erosi* + present potential auxiliary verb	Erosi dezaket (I can buy)
HYPOTHETIC POTENTIAL	*Erosi* + hypothetic auxiliary verb	Erosi nezake (I could buy)

REGIME: NOR-NORK, NOR-NORI-NORK

The verb "To Buy" in Basque, "Erosi", can be built under a NOR-NORK regime (To buy something) or a NOR-NORI-NORK (To buy something to someone).

To build the correct auxiliary verb, please go to the mode tables and select the corresponding NOR-NORK or NOR-NORI-NORK regime table.

PRESENT	Barazkiak merkatuan <u>erosten ditugu</u>. *We buy our vegetables in the market.*
PRESENT PERFECT	Bi etxe <u>erosi dituzte</u> auzo honetan. *They have bought two houses in this neighborhood.*
PRESENT IMPERFECT	Hegazkin txartelak internet bidez <u>erosi izan ditut</u> beti. *I have always bought the airplane tickets on the internet.*
FUTURE TENSE	Euskadira joaten garenean Gernikako piperrak <u>erosiko ditugu</u>. *We'll buy Gernika peppers when we go to Euskadi.*
PAST	Lehen arrain izoztua <u>erosten nuen</u>. *I used to buy frozen fish.*
PAST PERFECT	Gurasoek txakur bat <u>erosi zidaten</u> hamar urte nituenean. *My parents bought me a dog when I was 10.*
PAST FUTURE	Antzerkirako sarrera bat <u>erosiko niola</u> zin egin nion. *I promised I would buy him a ticket for the theater.*

CONDITIONAL	*Esmokin bat <u>erosiko bazenu</u>...<u>If you bought</u> a tuxedo...*
CONSEQUENCE	Xabier Leteren diska berria gustura <u>erosiko nuke</u>. *I'd gladly <u>buy</u> Xabier Lete's new album.*
PRESENT POTENTIAL	Ebayen <u>erosi dezakezu</u>. <u>*You can buy it*</u> *on Ebay.*
HYPOTHETIC POTENTIAL	Egunen batean kotxe hori <u>erosi nezake</u>. <u>*I could buy*</u> *that car one day.*

NON-FINITE VERB FORMS

Stem	*Eros*
Participle	*Erosi*
Verb noun	*Erostea*

TO CALL – DEITU

Tense type	Structure	Example
PRESENT	*Deitzen*+indicative auxiliary verb	Deitzen dut (I call)
PRESENT PERFECT	*Deitu*+ indicative auxiliary verb	Deitu dut (I have called)
PRESENT IMPERFECT	*Deitu izan*+ indicative auxiliary verb	Deitu izan dut (I have called)
FUTURE TENSE	*Deituko*+ indicative auxiliary verb	Deituko dut (I will call)
PAST	*Deitzen*+ past auxiliary verb	Deitzen nuen (I used to call)
PAST PERFECT	*Deitu*+ past auxiliary verb	Deitu nuen (I called)
PAST FUTURE	*Deituko*+ past auxiliary verb	Deituko nuen (I would call)
CONDITIONAL	*Deituko* + conditional auxiliary verb	Deituko banu (If I called)
CONSEQUENCE	*Deituko* + consequence auxiliary verb	Deituko nuke (I would call)
PRESENT POTENTIAL	*Deitu* + present potential auxiliary verb	Deitu dezaket (I can call)
HYPOTHETIC POTENTIAL	*Deitu* + hypothetic auxiliary verb	Deitu nezake (I could call)

REGIME: NOR-NORK, NOR-NORI-NORK

The verb "To Call" in Basque, "Deitu", can be built under a NOR-NORK regime (To call) or a NOR-NORI-NORK (To call someone).

To build the correct auxiliary verb, please go to the mode tables and select the corresponding NOR-NORK or NOR-NORI-NORK regime table.

PRESENT	Kaixo, Mikel? Telefono kabina batetik <u>deitzen dizut</u>. *Hello, Mikel? I call you from a phone boot.*
PRESENT PERFECT	Paketea jasotzera joateko <u>deitu digute</u>. *They have called us to go and pick up the package.*
PRESENT IMPERFECT	Askotan <u>deitu izan dute</u> igandean lantokitik. *They have called quite often from work on Sunday.*
FUTURE TENSE	Etxera iristean <u>deituko dizut</u>. *I'll call you when I get home.*
PAST	Bilbon nengoenean askotan <u>deitzen nizun</u> hoteletik. *When I was in Bilbo I often used to call you from the hotel.*
PAST PERFECT	Bozgoragailutik 3 aldiz <u>deitu zizuten</u>. *They called you 3 times from the loudspeaker.*
PAST FUTURE	Saint Peko lakura iristean <u>deituko zidala</u> esan zidan. *She told me she would call me when she arrived to the lake of Saint Pe.*

CONDITIONAL	*Egunero amari <u>deituko bazenio</u> lasaiago egongo litzateke. <u>If you called</u> your mother every day, she would be calmer.*
CONSEQUENCE	*Telefono mobile banu maizago <u>deituko nizuke</u>. If I had a cellphone <u>I'd call you</u> more often.*
PRESENT POTENTIAL	*Eskatzen badidazu Aneri <u>deitu diezaioket</u>. <u>I can call</u> Ane if you ask me to.*
HYPOTHETIC POTENTIAL	*Anbulantziari <u>deitu al zeniezaioke</u>? <u>Could you call</u> an ambulance?*

NON-FINITE VERB FORMS

Stem	*Dei*
Participle	*Deitu*
Verb noun	*Deitzea*

TO CAN – AHAL IZAN

Tense type	Structure	Example
PRESENT IMPERFECT	*Ahal izan izan+* indicative auxiliary verb	Ahal izan dut (I have been able to)
FUTURE TENSE	*Ahal izango+* indicative auxiliary verb	Ahal izango dut (I will be able to)
PAST FUTURE	*Ahal izango+* past auxiliary verb	Ahal izango nuen (I would be able to)
CONDITIONAL	*Ahal +* conditional auxiliary verb	Ahal banu (If I could)
CONSEQUENCE	*Ahal izango +* consequence auxiliary verb	Ahal izango nuke (I would be able to)
PRESENT POTENTIAL	*Ahal izan +* present potential auxiliary verb	Ahal dezaket (I can)
HYPOTHETIC POTENTIAL	*Ahal izan +* hypothetic auxiliary verb	Ahal nezake (I could)

REGIME: NOR-NORK

The verb "To Can" in Basque, "Ahal izan" is built under a NOR-NORK regime.

To build the correct auxiliary verb, please go to the mode tables and select the corresponding NOR-NORK regime table.

PRESENT IMPERFECT	Argazkiak atera <u>ahal izan dituzu</u>? *Have you been able to take the photo?*
FUTURE TENSE	Ordutegia jasotzean iritsi <u>ahal izango dugun</u> jakingo dugu. *We'll know if <u>we'll be able to</u> get there when we receive the schedule.*
PAST FUTURE	Bidaia bi egunetan egin <u>ahal izango genuela</u> konturatu ginen. *We noticed <u>we would be able to</u> do the trip in two days.*
CONDITIONAL	<u>Ahal banu</u> etorriko nintzateke. *I'd come <u>if I could</u>.*
CONSEQUENCE	Lehenago hasiko balitz joan <u>ahal izango zenuke</u>. *You'd be able to go if it started earlier.*
PRESENT POTENTIAL	Bilera asteburuan egin <u>ahal dezakegu</u>. *We can do the meeting on the weekend.*
HYPOTHETIC POTENTIAL	Egin <u>ahal zenezake</u>? *Could you do it?*

NON-FINITE VERB FORMS

Stem	*Ahal izan*
Participle	*Ahal izan*
Verb noun	*Ahal izatea*

TO CHOOSE – AUKERATU

Tense type	Structure	Example
PRESENT	*Aukeratzen*+ indicative auxiliary verb	Aukeratzen dut (I choose)
PRESENT PERFECT	*Aukeratu*+ indicative auxiliary verb	Aukeratu dut (I have chosen)
PRESENT IMPERFECT	*Aukeratu izan*+ indicative auxiliary verb	Aukeratu izan dut (I have chosen)
FUTURE TENSE	*Aukeratuko*+ indicative auxiliary verb	Aukeratuko dut (I will choose)
PAST	*Aukeratzen*+ past auxiliary verb	Aukeratzen nuen (I used to choose)
PAST PERFECT	*Aukeratu*+ past auxiliary verb	Aukeratu nuen (I chose)
PAST FUTURE	*Aukeratuko*+ past auxiliary verb	Aukeratuko nuen (I would choose)
CONDITIONAL	*Aukeratuko* + conditional auxiliary verb	Aukeratuko banu (If I chose)
CONSEQUENCE	*Aukeratuko* + consequence auxiliary verb	Aukeratuko nuke (I would choose)
PRESENT POTENTIAL	*Aukeratu* + present potential auxiliary verb	Aukeratu dezaket (I can choose)
HYPOTHETIC POTENTIAL	*Aukeratu* + hypothetic auxiliary verb	Aukeratu nezake (I could choose)

REGIME: NOR-NORK, NOR-NORI-NORK

The verb "To Choose" in Basque, "Aukeratu", can be built under a NOR-NORK regime (To choose something) or a NOR-NORI-NORK regime (To choose something in someone's place).

To build the correct auxiliary verb, please go to the mode tables and select the corresponding NOR-NORK or NOR-NORI-NORK regime table.

PRESENT	Zein ibilbide <u>aukeratzen duzu</u>? *Which route <u>do you choose</u>?*
PRESENT PERFECT	Merkeena <u>aukeratu dute</u>. *<u>They've chosen</u> the cheapest one.*
PRESENT IMPERFECT	Arerio zailena <u>aukeratu izan du</u> beti. *He's always <u>chosen</u> the most difficult opponent.*
FUTURE TENSE	Bihar <u>aukeratuko dut</u> ezkontzara eramango dudan soineakoa. *Tomorrow <u>I'll choose</u> the dress I'll be wearing at the wedding.*
PAST	Ehizara joan aurretik <u>aukeratzen zituen</u> berarekin eramango zituen txakurrak. *<u>He used to choose</u> the dogs he would take with him before going hunting.*
PAST PERFECT	Tokian bertan <u>aukeratu genituen</u> logelak. *<u>We chose</u> our bedrooms there in the place.*
PAST FUTURE	Hotela Anek <u>aukeratuko zuela</u> erabako genuen. *We decided Ane <u>would choose</u> the hotel.*

CONDITIONAL	Nora joan berak <u>aukeratuko balu</u>...*If he chose* where we'd go...
CONSEQUENCE	Ederrena <u>aukeratuko nuke</u>, garestiena bada ere. *I'd choose the nicest one, even if it's the most expensive.*
PRESENT POTENTIAL	5 postreen artean <u>aukeratu dezakezu.</u> *You can choose between 5 different desserts.*
HYPOTHETIC POTENTIAL	Seme eta alaba baten artean <u>aukeratu zenezake</u>? *Could you choose between a son and a daughter?*

NON-FINITE VERB FORMS

Stem	*Aukera*
Participle	*Aukeratu*
Verb noun	*Aukeratzea*

TO CLOSE – ITXI

Tense type	Structure	Example
PRESENT	*Ixten*+indicative auxiliary verb	Ixten dut (I close)
PRESENT PERFECT	*Itxi*+ indicative auxiliary verb	Itxi dut (I have closed)
PRESENT IMPERFECT	*Itxi izan*+ indicative auxiliary verb	Itxi izan dut (I have closed)
FUTURE TENSE	*Itxiko*+ indicative auxiliary verb	Itxiko dut (I will close)
PAST	*Ixten*+ past auxiliary verb	Ixten nuen (I used to close)
PAST PERFECT	*Itxi*+ past auxiliary verb	Itxi nuen (I closed)
PAST FUTURE	*Itxiko*+ past auxiliary verb	Itxiko nuen (I would close)
CONDITIONAL	*Itxiko* + conditional auxiliary verb	Itxiko banu (If I closed)
CONSEQUENCE	*Itxiko* + consequence auxiliary verb	Itxiko nuke (I would close)
PRESENT POTENTIAL	*Itxi* + present potential auxiliary verb	Itxi dezaket (I can close)
HYPOTHETIC POTENTIAL	*Itxi* + hypothetic auxiliary verb	Itxi nezake (I could close)

REGIME: NOR-NORI, NOR-NORK, NOR-NORI-NORK

The verb "To Close" in Basque, "Itxi", is built under a NOR-NORK regime (To close something), NOR-NORI regime (something has been closed for someone) or NOR-NORI-NORK regime (someone has closed something for somebody).

To build the correct auxiliary verb, please go to the mode tables and select the corresponding NOR-NORI, NOR-NORK or NOR-NORI-NORK regime table.

PRESENT	Zer ordutan <u>ixten dute</u> opari denda? *When <u>does</u> the gift shop <u>close</u>?*
PRESENT PERFECT	Atea <u>itxi dut</u> eta giltza barruan ahaztu zait. *I've closed the door and I've forgotten the key inside.*
PRESENT IMPERFECT	Donostiako tabernak beti <u>itxi izan dute</u> beranduago udaran. *The taberns in Donostia <u>have always closed</u> later in the summer.*
FUTURE TENSE	Auditoriuma <u>itxiko dute</u> kontzertu pribatu bat egiteko. *<u>They'll close</u> the auditorium for a private concert.*
PAST	Txikia nintzenean ate eta lehio guztiak <u>ixten nituen</u> gauero. *When I was a little boy <u>I used to close</u> all doors and windows every night.*
PAST PERFECT	Anoeta zelaia 6 astez <u>itxi zuten</u> konponketa lanak zirela eta. *<u>They closed</u> the Anoeta stadium 6 weeks due to maintenance tasks.*
PAST FUTURE	Errepide hori oso arriskutsua zela eta <u>itxiko zutela</u> esan zuten. *They said that the road was too dangerous and <u>they would close it</u>.*

CONDITIONAL	Forua <u>itxiko balute</u> beste toki bat aurkitu beharko genuke euskal kantu zaharrei buruz hitz egiteko. *<u>If they closed</u> the forum we would have to find another place to talk about antique Basque songs.*
CONSEQUENCE	Liburu hau <u>itxiko nuke</u> zeozer interesgarriagoa aurkituko banu. *<u>I'd close</u> this book if I found something more interesting to do right now.*
PRESENT POTENTIAL	Begiak <u>itxi (ditzazket)</u> eta 5 minututan lo geratu naiteke. *<u>I can close</u> my eyes and fall asleep in less than 5 minutes.*
HYPOTHETIC POTENTIAL	Zure bihotza kantuz <u>itxi zenezake</u>, baina maitasuna beti gailenduko da. *<u>You could close</u> your heart, but love will always emerge.*

NON-FINITE VERB FORMS

Stem	*Itxi*
Participle	*Itxi*
Verb noun	*Ixtea*

TO COME – ETORRI

Tense type	Structure	Example
PRESENT	*Etortzen*+indicative auxiliary verb	Etortzen naiz (it come)
PRESENT PERFECT	*Etorri*+ indicative auxiliary verb	Etorri naiz (it has come)
PRESENT IMPERFECT	*Etorri izan*+ indicative auxiliary verb	Etorri izan naiz (it has come)
FUTURE TENSE	*Etorriko*+ indicative auxiliary verb	Etorriko naiz (it will come)
PAST	*Etortzen*+ past auxiliary verb	Etortzen nintzen (it used to come)
PAST PERFECT	*Etorri*+ past auxiliary verb	Etorri nintzen (it came)
PAST FUTURE	*Etorriko*+ past auxiliary verb	Etorriko nintzen (it would come)
CONDITIONAL	*Etorriko* + conditional auxiliary verb	Etorriko banintz (If it came)
CONSEQUENCE	*Etorriko* + consequence auxiliary verb	Etorriko nintzateke (it would come)
PRESENT POTENTIAL	*Etorri* + present potential auxiliary verb	Etorri naiteke (it can come)
HYPOTHETIC POTENTIAL	*Etorri* + hypothetic auxiliary verb	Etorri ninteke (it could come)

REGIME: NOR, NOR-NORI

The verb "To Come" in Basque, "Etorri", is built under a NOR regime (To Come) or a NOR-NORI regime (To come to someone). "Etorri" is also a synthetic verb so it can be expressed without an auxiliary verb.

To build the correct auxiliary verb, please go to the mode tables and select the corresponding NOR or NOR-NORI regime table.

PRESENT	Italiatik <u>dator</u>. *He comes from Italy.*
PRESENT PERFECT	Autobusa orain dela 5 minutu <u>etorri da</u>. *The bus <u>has come</u> 5 minutes ago.*
PRESENT IMPERFECT	"Agian" taldea 2010tik aurrera urtero <u>etorri izan da</u> herrira. *The "Agian" band <u>has come</u> to town since 2010 every year.*
FUTURE TENSE	Zure etxera hurrengo ostiralean <u>etorriko naiz</u>. *I'll <u>come</u> to your house next Friday.*
PAST	Turistak igerilekura abuztuan <u>etortzen ziren</u> batez ere. *Tourists <u>used to come</u> to the swimming pool in August principally.*
PAST PERFECT	Lapurrak gauean <u>etorri ziren</u>. *The thieves <u>came</u> by night.*
PAST FUTURE	<u>Etorriko zela</u> esan zuen. *She said <u>she would come</u>.*
CONDITIONAL	Gurekin <u>etorriko bazina</u> opari bat emango genizuke. *<u>If you came</u> with us we would give you a present.*

CONSEQUENCE	Denbora banu, zuekin <u>etorriko nintzateke</u>. *If I had time, <u>I would come</u> with you.*
PRESENT POTENTIAL	Gaur gaueko festara <u>etorri</u> al <u>zaitezke</u>? *<u>Can you come</u> to the party tonight?*
HYPOTHETIC POTENTIAL	Nirekin <u>etorri zintezke</u>? Apur bat beldur naiz. *<u>Could you come</u> with me? I'm a little frightened.*

NON-FINITE VERB FORMS

Stem	*Etor*
Participle	*Etorri*
Verb noun	*Etortzea*

TO COOK – JANARIA PRESTATU

Tense type	Structure	Example
PRESENT	*Janaria prestatzen*+ indicative auxiliary verb	Janaria prestatzen dut (I cook)
PRESENT PERFECT	*Janaria prestatu*+ indicative auxiliary verb	Janaria prestatu dut (I have cooked)
PRESENT IMPERFECT	*Janaria prestatu izan*+ indicative auxiliary verb	Janaria prestatu izan dut (I have cooked)
FUTURE TENSE	*Janaria prestatuko*+ indicative auxiliary verb	Janaria prestatuko dut (I will cook)
PAST	*Janaria prestatzen*+ past auxiliary verb	Irakasten nuen (I used to cook)
PAST PERFECT	*Janaria prestatu*+ past auxiliary verb	Irakatsi nuen (I cooked)
PAST FUTURE	*Janaria prestatuko*+ past auxiliary verb	Irakatsiko nuen (I would cook)
CONDITIONAL	*Janaria prestatuko* + conditional auxiliary verb	Irakatsiko banu (If I cooked)
CONSEQUENCE	*Janaria prestatuko* + consequence auxiliary verb	Irakatsiko nuke (I would cook)
PRESENT POTENTIAL	*Janaria prestatu* + present potential auxiliary verb	Irakatsi dezaket (I can cook)
HYPOTHETIC POTENTIAL	*Janaria prestatu* + hypothetic auxiliary verb	Irakatsi nezake (I could cook)

REGIME: NOR-NORK, NOR-NORI-NORK

The verb "To Cook" in Basque, "Janaria prestatu", can be built under a NOR-NORK regime (to cook) or a NOR-NORI-NORK (to cook for somebody). The literal meaning of "Janaria prestatu" is "To prepare food".

To build the correct auxiliary verb, please go to the mode tables and select the corresponding NOR-NORK or NOR-NORI-NORK regime table.

PRESENT	Osagai ekologikoekin prestatzen dut janaria beti. *I always cook with ecological ingredients.*
PRESENT PERFECT	Edurnek txuleta zoragarri bat prestatu du gaur. *Edurne has cooked a delicious steak today.*
PRESENT IMPERFECT	Igandero prestatu izan dut bakailua nire ama hil zenetik. *I have cooked cod every Sunday since my mother died.*
FUTURE TENSE	Afari zoragarri bat prestatuko dizut etxera iristean. *I'll cook you a fabulous dinner when you get home.*
PAST	Juantxoren tabernan pintxo bikainak prestatzen zituzten. *They used to cook great great "pintxos" in Juantxo's tabern.*
PAST PERFECT	Joan den astean neuk prestatu nuen janaria. Orain zure txanda da! *I cooked last week. Now it's your turn!*
PAST FUTURE	Guk prestatuko genuen afaria, baina hori bai, beraiek platerak garbitu beharko zituzten. *We would cook every day, but of course,*

	they would have to wash the dishes.
CONDITIONAL	Gehiago <u>kozinatuko</u> bazenu ez zenuke hainbeste zabor janari jan behar izango. *<u>If you cooked</u> more often you wouldn't have to eat so much fast food.*
CONSEQUENCE	*Atseginagoa bazina Maitek gehiago <u>kozinatuko luke</u> zuretzat. If you were nicer Maite <u>would cook</u> more often for you.*
PRESENT POTENTIAL	<u>Janaria prestatu dezaket</u>, baina zure laguntza behar dut. *<u>I can cook</u>, but I need your help.*
HYPOTHETIC POTENTIAL	Angulak <u>prestatu nitzazke</u> baina ez dut dirurik hauek erosteko. *<u>I could cook</u> some elvers but I don't have enough money to buy them.*

NON-FINITE VERB FORM

Stem	*Janaria presta*
Participle	*Janaria prestatu*
Verb noun	*Janaria prestatzea*

TO CRY – NEGAR EGIN

Tense type	Structure	Example
PRESENT	*Negar egiten+* indicative auxiliary verb	Negar egiten dut (I cry)
PRESENT PERFECT	*Negar egin+* indicative auxiliary verb	Negar egin dut (I have cried)
PRESENT IMPERFECT	*Negar egin izan+* indicative auxiliary verb	Negar egin izan dut (I have cried)
FUTURE TENSE	*Negar egingo+* indicative auxiliary verb	Negar egingo dut (I will cry)
PAST	*Negar egiten+* past auxiliary verb	Bidaiatzen nuen (I used to cry)
PAST PERFECT	*Negar egin+* past auxiliary verb	Bidaiatu nuen (I cried)
PAST FUTURE	*Negar egingo+* past auxiliary verb	Bidaiatuko nuen (I would cry)
CONDITIONAL	*Negar egingo +* conditional auxiliary verb	Bidaiatuko banu (If I cried)
CONSEQUENCE	*Negar egingo +* consequence auxiliary verb	Bidaiatuko nuke (I would cry)
PRESENT POTENTIAL	*Negar egin +* present potential auxiliary verb	Bidaiatu dezaket (I can cry)
HYPOTHETIC POTENTIAL	*Negar egin +* hypothetic auxiliary verb	Bidaiatu nezake (I could cry)

REGIME: NOR-NORK

The verb "To Cry" in Basque, "Negar egin", is built under a NOR-NORK regime (To cry).

To build the correct auxiliary verb, please go to the mode tables and select the corresponding NOR-NORK regime table.

PRESENT	Pelikula romantikoekin <u>negar egiten dut</u> beti. *I always <u>cry</u> with romantic movies.*
PRESENT PERFECT	Zure hitz triste horiek entzunda <u>negar egin du</u>. *She has <u>cried</u> hearing those sad words from you.*
PRESENT IMPERFECT	Askotan <u>negar egin izan du</u> bere zorrak direla eta. *He has <u>cried</u> a lot of times due to his debts.*
FUTURE TENSE	Zurekin ezkontzeko eskatzen badidazu <u>negar egingo dut</u>. *I will <u>cry</u> if you ask me to marry you.*
PAST	Gazteagoa zenean maizago <u>egiten zuen negar</u>. *He used to cry more often when he was younger.*
PAST PERFECT	<u>Negar egin zuten</u> istripu larri hori telebistan ikusi zutenean. *They <u>cried</u> when they saw that terrible accident on TV.*
PAST FUTURE	Bagenekien amak <u>negar egingo zuela</u> arrosa eder horiek ikustean. *We knew our mother <u>would cry</u> when she saw those beautiful roses.*

CONDITIONAL	*Negar egingo banu* sinetsiko al zenidake? *Would you believe me if I cried?*
CONSEQUENCE	Alemaniara doala esango bazenizu negar egingo zenuke. *You would cry if she told you she's going to Germany.*
PRESENT POTENTIAL	Benetan ederra den margolan batekin negar egin dezaket. *I can cry with a really beautiful painting.*
HYPOTHETIC POTENTIAL	Negar egin lezakete baina tamalez sentimendurik gabeko robotak dira. *They could cry, but sadly, they're senseless robots.*

NON-FINITE VERB FORMS

Stem	*Negar egin*
Participle	*Negar egin*
Verb noun	*Negar egitea*

TO DANCE – DANTZATU

Tense type	Structure	Example
PRESENT	*Dantzatzen+*indicative auxiliary verb	Dantzatzen dut (I dance)
PRESENT PERFECT	*Dantzatu+* indicative auxiliary verb	Dantzatu dut (I have danced)
PRESENT IMPERFECT	*Dantzatu izan+* indicative auxiliary verb	Dantzatu izan dut (I have danced)
FUTURE TENSE	*Dantzatuko+* indicative auxiliary verb	Dantzatuko dut (I will dance)
PAST	*Dantzatzen+* past auxiliary verb	Dantzatzen nuen (I used to dance)
PAST PERFECT	*Dantzatu+* past auxiliary verb	Dantzatu nuen (I danced)
PAST FUTURE	*Dantzatuko+* past auxiliary verb	Dantzatuko nuen (I would dance)
CONDITIONAL	*Dantzatuko +* conditional auxiliary verb	Dantzatuko banu (If I danced)
CONSEQUENCE	*Dantzatuko +* consecuence auxiliary verb	Dantzatuko nuke (I would dance)
PRESENT POTENTIAL	*Dantzatu +* present potential auxiliary verb	Dantzatu dezaket (I can dance)
HYPOTHETIC POTENTIAL	*Dantzatu +* hypothetic auxiliary verb	Dantzatu nezake (I could dance)

REGIME: NOR-NORK

The verb "To Dance" in Basque, "Dantzatu", is built under a NOR-NORK regime (To dance). It can also be translated as "Dantza egin".

To build the correct auxiliary verb, please go to the mode tables and select the corresponding NOR-NORK regime table.

PRESENT	Travolta Saturday Night Feveren bezala <u>dantzatzen duzu</u>. *You dance like Travolta in Saturday Night Fever.*
PRESENT PERFECT	Gau osoan zehar <u>dantzatu dugu</u>. <u>We have danced</u> all night.
PRESENT IMPERFECT	Askotan <u>dantzatu izan dut</u> aurreskua Mikelekin. *I've danced the aurresku many times with Mikel.*
FUTURE TENSE	Zapata berri horiekin erregina bezala <u>dantzatuko duzu</u>. *You'll dance like a queen with those new shoes.*
PAST	Asko <u>dantzatzen zuen</u> udako Diskofestan. *She used to dance a lot in the summer Diskofesta party.*
PAST PERFECT	Vals hori elkarrekin <u>dantzatu zuten</u> lehenengo aldiz. *They danced that Vals together for the first time.*
PAST FUTURE	Abesti bat behintzat elkarrekin <u>dantzatuko zutela</u> zin egin zion. *He promised <u>they would dance</u> together at least one song.*

CONDITIONAL	Elkarrekin <u>dantzatuko balute</u> maiteminduko lirateke. *If they danced together they would fall in love.*
CONSEQUENCE	Eskatuko bazenit zurekin <u>dantzatuko nuke</u>. *If you asked me I would dance with you.*
PRESENT POTENTIAL	Takoi horiekin <u>dantzatu</u> al <u>dezakezu</u>? *Can you dance with those heels?*
HYPOTHETIC POTENTIAL	<u>Dantzatu nezake</u>, baina gaur ez nago umore onez. *I could dance, but I'm not in the mood today.*

NON-FINITE VERB FORMS

Stem	*Dantza*
Participle	*Dantzatu*
Verb noun	*Dantzatzea*

TO DECIDE – ERABAKI

Tense type	Structure	Example
PRESENT	*Erabakitzen*+indicative auxiliary verb	Erabakitzen dut (I decide)
PRESENT PERFECT	*Erabaki*+ indicative auxiliary verb	Erabaki dut (I have decided)
PRESENT IMPERFECT	*Erabaki izan*+ indicative auxiliary verb	Erabaki izan dut (I have decided)
FUTURE TENSE	*Erabakiko*+ indicative auxiliary verb	Erabakiko dut (I will decide)
PAST	*Erabakitzen*+ past auxiliary verb	Erabakitzen nuen (I used to decide)
PAST PERFECT	*Erabaki*+ past auxiliary verb	Erabaki nuen (I decided)
PAST FUTURE	*Erabakiko*+ past auxiliary verb	Erabakiko nuen (I would decide)
CONDITIONAL	*Erabakiko* + conditional auxiliary verb	Erabakiko banu (If I decided)
CONSEQUENCE	*Erabakiko* + consequence auxiliary verb	Erabakiko nuke (I would decide)
PRESENT POTENTIAL	*Erabaki* + present potential auxiliary verb	Erabaki dezaket (I can decide)
HYPOTHETIC POTENTIAL	*Erabaki* + hypothetic auxiliary verb	Erabaki nezake (I could decide)

REGIME: NOR-NORK

The verb "To Decide" in Basque, "Erabaki" is built under a NOR-NORK regime (To decide something).

To build the correct auxiliary verb, please go to the mode tables and select the corresponding NOR-NORK regime table.

PRESENT	<u>Zuk erabakitzen duzu</u> atera edo etxean gelditzen garen. *You decide wether we go out or we stay at home.*
PRESENT PERFECT	Mendi gailurrera iristeko beste bide bat hartzea <u>erabaki dute</u>. *They have <u>decided</u> to take another route to reach the top of the mountain.*
PRESENT IMPERFECT	Berak erabak<u>i izan du</u> beti zer ikusi telebistan etxe horretan. *He has always <u>decided</u> what to watch on the TV in that house.*
FUTURE TENSE	Elkarrekin <u>erabakiko dugu</u> nora joan oporretan. *We'll decide together where to go these holidays.*
PAST	Gauza asko <u>erabakitzen nituen</u> lehen baina orain txotxongilo bat naiz bere eskuetan. *I used to decide a lot of thing before but now I'm just a puppet in her hands.*
PAST PERFECT	Jatetxera joateko autobusa hartzea <u>erabaki genuen</u>. *We decided to take a bus to get to the restaurant.*

PAST FUTURE	Maialen ez zegoela ziur eta geroago <u>erabakiko zuela</u> esan zuen. *Maialen said that she was not sure and <u>that she would decide</u> it later.*
CONDITIONAL	Jarraitzea <u>erabakiko banu</u> amaituko al nuke? *<u>If I decided</u> to go on would I complete it?*
CONSEQUENCE	Egoera horretan bazina zer <u>erabakiko zenuke</u>? *If you were in that situation what <u>would you decide</u>?*
PRESENT POTENTIAL	Epaile batek bakarrik <u>erabaki dezake</u> errudun edo errugabea den. *Only a judge <u>can decide</u> if he's guilty or innocent.*
HYPOTHETIC POTENTIAL	Gobernuak azpiegituratan gehiago inbertitzea <u>erabaki lezake</u> baina oso garesti aterako litzaioke zergadunari. *The government <u>could decide</u> to invest more in infrastructure but it would be very expensive for the taxpayers.*

NON-FINITE VERB FORMS

Stem	*Erabaki*
Participle	*Erabaki*
Verb noun	*Erabakitzea*

TO DECREASE – GUTXITU

Tense type	Structure	Example
PRESENT	*Gutxitzen*+indicative auxiliary verb	Gutxitzen da (it decreases)
PRESENT PERFECT	*Gutxitu*+ indicative auxiliary verb	Gutxitu da (it has decreased)
PRESENT IMPERFECT	*Gutxitu izan*+ indicative auxiliary verb	Gutxitu izan da (it has decreased)
FUTURE TENSE	*Gutxituko*+ indicative auxiliary verb	Gutxituko da (it will decrease)
PAST	*Gutxitzen*+ past auxiliary verb	Gutxitzen zen (it used to decrease)
PAST PERFECT	*Gutxitu*+ past auxiliary verb	Gutxitu zen (it decreased)
PAST FUTURE	*Gutxituko*+ past auxiliary verb	Gutxituko zen (it would decrease)
CONDITIONAL	*Gutxituko* + conditional auxiliary verb	Gutxituko balitz (If it decreased)
CONSEQUENCE	*Gutxituko* + consequence auxiliary verb	Gutxituko litzateke (it would decrease)
PRESENT POTENTIAL	*Gutxitu* + present potential auxiliary verb	Gutxitu daiteke (it can decrease)
HYPOTHETIC POTENTIAL	*Gutxitu* + hypothetic auxiliary verb	Gutxitu liteke (it could decrease)

REGIME: NOR, NOR -NORK

The verb "To Decrease" in Basque, "Gutxitu", can be built under a NOR regime (To decrease)
or a NOR-NORK regime (To decrease something).

To build the correct auxiliary verb, please go to the mode tables and select the corresponding
NOR or NOR-NORK regime table.

Note: To decrease can also be translated as *txikitu, jaitsi, laburtu, murriztu or urritu*.

PRESENT	Ipar poloko izotz kopurua <u>txikitzen da</u> urtero. *The amount of ice in the North Pole <u>decreases</u> every year.*
PRESENT PERFECT	Afaldu dugunetik tenperatura asko <u>jaitsi da</u>, hau hotza! *The temperature <u>has decreased</u> a lot since dinner, I'm so cold!*
PRESENT IMPERFECT	Basoaldea nabarmen <u>gutxitu izan da</u> Gasteizen 1980tik aurrera. *The forest area <u>has decreased</u> a lot since 1980 in Gasteiz.*
FUTURE TENSE	Azeri kopurua <u>gutxituko da</u> Euskadin zaintzen ez baditugu. *The number of foxes in the Basque Country <u>will decrease</u> if we don't take care of them.*
PAST	Kaferako atseden denbora <u>gutxitzen zuten</u> produktiboagoak izateko. *<u>They used to decrease</u> the coffee break to be more productive.*
PAST PERFECT	Biharritzera egiten nituen bidaiak <u>gutxitu nituen</u> lanpostua galdu

	nuenean. *I decreased* my trips to Biarritz when I lost my job.
PAST FUTURE	Krimen kopurua <u>gutxituko</u> al <u>zen</u> polizia gehiago kaleetan izanda? *Would* crime numbers *decrease* with more police on the streets?
CONDITIONAL	Euroaren balioa <u>gutxituko balitz</u> zer gertatuko litzateke? *If the value of the Euro decreased what would happen?*
CONSEQUENCE	Kaleak ain garbi ez baleude turista kopurua <u>gutxituko litzateke</u>. *If the streets weren't so clean the tourist numbers would decrease.*
PRESENT POTENTIAL	Gure dirua galtzeko arriskua <u>gutxitu dezakegu</u> seguru honekin. *We can decrease the risk of losing our money with this insurance.*
HYPOTHETIC POTENTIAL	Honek gure trena hartzeko aukerak <u>gutxitu lezake</u>. *This could decrease our chances of taking the train.*

NON-FINITE VERB FORMS

Stem	*Gutxi*
Participle	*Gutxitu*
Verb noun	*Gutxitzea*

TO DIE – HIL

Tense type	Structure	Example
PRESENT	*Hiltzen+* indicative auxiliary verb	Hiltzen naiz (I die)
PRESENT PERFECT	*Hil+* indicative auxiliary verb	Hil naiz (I have died)
PRESENT IMPERFECT	*Hil izan+* indicative auxiliary verb	Hil izan naiz (I have died)
FUTURE TENSE	*Hilko+* indicative auxiliary verb	Hilko naiz (I will die)
PAST	*Hiltzen+* past auxiliary verb	Hiltzen nintzen (I used to die)
PAST PERFECT	*Hil+* past auxiliary verb	Hil nintzen (I died)
PAST FUTURE	*Hilko+* past auxiliary verb	Hilko nintzen (I would die)
CONDITIONAL	*Hilko +* conditional auxiliary verb	Hilko banintz (If I died)
CONSEQUENCE	*Hilko +* consequence auxiliary verb	Hilko nintzateke (I would die)
PRESENT POTENTIAL	*Hil +* present potential auxiliary verb	Hil naiteke (I can die)
HYPOTHETIC POTENTIAL	*Hil +* hypothetic auxiliary verb	Hil ninteke (I could die)

REGIME: NOR

The verb "To die" in Basque, "Hil", is built under a NOR regime (To be able to).

To build the correct auxiliary verb, please go to the mode tables and select the corresponding NOR regime table.

PRESENT	Arrain asko <u>hitzen dira</u> gaur egun itsasoaren kontaminazioa dela eta. *A lot of fish <u>die</u> due to sea pollution nowadays.*
PRESENT PERFECT	Lau pertsona <u>hil dira</u> kotxe istripu horretan. *Four people <u>have died</u> in that car accident.*
PRESENT IMPERFECT	47 pertsona <u>hil izan dira</u> negu honetan gripe arrunta dela eta. *47 people <u>have died</u> this winter due to common flu.*
FUTURE TENSE	<u>Hilko naiz</u> Dylanen kontzerturako sarrera bat lortzen ez badut! *<u>I will die</u> if I don't get a ticket for Dylan's concert!*
PAST	Oso azkar <u>hiltzen zinen</u> Marioren bideo-joko horretan, baina orain benetako aditua zara! *<u>You used to die</u> very fast in that Mario videogame, but now you are an expert!*
PAST PERFECT	Noiz <u>hil zen</u> Napoleon? *When <u>did</u> Napoleon <u>die</u>?*
PAST FUTURE	Ezetz esaten bazuen <u>hilko nintzela</u> esan nion. *I told him <u>I would die</u> if he said no.*

CONDITIONAL	<u>Hilko bazina</u> zerura joango al zinateke? *If you died would you go to heaven?*
CONSEQUENCE	Oxigenorik gabe <u>hilko ginateke</u>. *We would die without oxygen.*
PRESENT POTENTIAL	Txoriari egunero jaten ematen ez badiozu 48 ordu baino lehen <u>hil daiteke</u>. *If you don't feed the bird every day <u>it can die</u> in less than 48 hours.*
HYPOTHETIC POTENTIAL	Antidotoa azkar lortzen ez badugu Amaia <u>hil liteke</u>. *Amaia <u>could die</u> If we don't get the antidote soon.*

NON-FINITE VERB FORMS

Stem	*Hil*
Participle	*Hil*
Verb noun	*Hiltzea*

TO DO – EGIN

Tense type	Structure	Example
PRESENT	*Egiten*+indicative auxiliary verb	Egiten dut (I do)
PRESENT PERFECT	*Egin+* indicative auxiliary verb	Egin dut (I have done)
PRESENT IMPERFECT	*Egin izan+* indicative auxiliary verb	Egin izan dut (I have done)
FUTURE TENSE	*Egingo+* indicative auxiliary verb	Egingo dut (I will do)
PAST	*Egiten+* past auxiliary verb	Egiten nuen (I used to do)
PAST PERFECT	*Egin+* past auxiliary verb	Egin nuen (I did)
PAST FUTURE	*Egingo+* past auxiliary verb	Egingo nuen (I would do)
CONDITIONAL	*Egingo +* conditional auxiliary verb	Egingo banu (If I did)
CONSEQUENCE	*Egingo +* consequence auxiliary verb	Egingo nuke (I would do)
PRESENT POTENTIAL	*Egin +* present potential auxiliary verb	Egin dezaket (I can do)
HYPOTHETIC POTENTIAL	*Egin +* hypothetic auxiliary verb	Egin nezake (I could do)

REGIME: NOR-NORK, NOR-NORI-NORK

The verb "To Do" in Basque, "Egin", can be built under a NOR-NORK regime (To do something) or a NOR-NORI-NORK regime (To do something to or for someone).

To build the correct auxiliary verb, please go to the mode tables and select the corresponding NOR-NORK or NOR-NORI-NORK regime table.

PRESENT	Maite ikasle ona da eta bere etxekolanak egunero egiten ditu. *Maite is a good student and she does her homework every day.*
PRESENT PERFECT	Zer egin duzu? *What have you done?*
PRESENT IMPERFECT	Beti egin izan dut nire modura. *I have always done it in my own way.*
FUTURE TENSE	Ahal dugun hoberen egingo dugu. *We will do our best.*
PAST	Soinketa egiten zuen goizero. *He used to do exercise every morning.*
PAST PERFECT	Berak egin zuen! *She did it!*
PAST FUTURE	Zaborra ateratzeko eskatu zidan eta afal ondoren egingo nuela esan nion. *He asked me to take out the garbage and I said I would do it after dinner.*
CONDITIONAL	Hori egingo bazenu asko haserretuko nintzateke. *If you did that I would get very angry.*

61

CONSEQUENCE	Denbora gehiago bagenu lan hobeagoa <u>egingo genuke</u>. *If we had more time <u>we would do</u> a better job.*
PRESENT POTENTIAL	Gauza asko <u>egin ditzazket</u> nire ordenagailu berriarekin. *<u>I can do</u> a lot of things with my new computer.*
HYPOTHETIC POTENTIAL	Hori <u>egin</u> al <u>zenezake</u>? *<u>Could you do</u> that?*

NON-FINITE VERB FORMS

Stem	*Egin*
Participle	*Egin*
Verb noun	*Egitea*

TO DRINK – EDAN

Tense type	Structure	Example
PRESENT	*Edaten+* indicative auxiliary verb	Edaten dut (I drink)
PRESENT PERFECT	*Edan+* indicative auxiliary verb	Edan dut (I have drunk)
PRESENT IMPERFECT	*Edan izan+* indicative auxiliary verb	Edan izan dut (I have drunk)
FUTURE TENSE	*Edango+* indicative auxiliary verb	Edango dut (I will drink)
PAST	*Edaten+* past auxiliary verb	Edaten nuen (I used to drink)
PAST PERFECT	*Edan+* past auxiliary verb	Edan nuen (I drank)
PAST FUTURE	*Edango+* past auxiliary verb	Edango nuen (I would drink)
CONDITIONAL	*Edango +* conditional auxiliary verb	Edango banu (If I drank)
CONSEQUENCE	*Edango +* consequence auxiliary verb	Edango nuke (I would drink)
PRESENT POTENTIAL	*Edan +* present potential auxiliary verb	Edan dezaket (I can drink)
HYPOTHETIC POTENTIAL	*Edan +* hypothetic auxiliary verb	Edan nezake (I could drink)

REGIME: NOR-NORK, NOR-NORI-NORK

The verb "To Drink" in Basque, "Edan", can be built under a NOR-NORK regime (To drink something) or a NOR-NORI-NORK regime (To drink something that belongs to someone).

To build the correct auxiliary verb, please go to the mode tables and select the corresponding NOR-NORK or NOR-NORI-NORK regime table.

PRESENT	Laranja zuku bat <u>edaten dut nik</u> egunero. *I drink a glass of orange juice every morning.*
PRESENT PERFECT	Zer <u>edan duzu</u>? What *have you drunk?*
PRESENT IMPERFECT	Garagardo ona <u>edan izan dugu</u> beti sagardo festara etorri garen bakoitzean. *We have always drunk good cider every time we've come to the "Sagardo Festa".*
FUTURE TENSE	Ardo zuri bat <u>edango dut,</u> mila esker. *I will drink a white wine, thank you.*
PAST	Garagardo asko <u>edaten nuen</u> Alemanian bizi nintzenean. *I used to drink a lot of beer when I was living in Germany.*
PAST PERFECT	Eguna argitu arte <u>edan genuen</u> gau hartan. *We drank until dawn that night.*
PAST FUTURE	Bero asko egiten zuen eta egun hartan 6 litro ur <u>edango genituela</u>

	kalkulatu genuen. *It was very hot and we calculated <u>we would drink</u> 6 liters of water that day.*
CONDITIONAL	Txokolate irabiatu guzti hori <u>edango bazenu</u> anbulantzia bati deitu beharko genioke. <u>*If you drank*</u> *all that chocolate milkshake we would have to call an ambulance.*
CONSEQUENCE	Sagardo apur bat eskainiko bazenit gustura <u>edango nuke</u>. *If you offered me some of that cider <u>I would</u> gladly <u>drink it</u>.*
PRESENT POTENTIAL	Nik hilabete oso batean baino gehiago <u>edan dezake</u> berak gau batean. <u>*He can drink*</u> *in one night more than what I do in a whole month.*
HYPOTHETIC POTENTIAL	Zopa gozo hori egunero <u>edan nezake</u>. <u>*I could drink*</u> *that delicious soup every day of my life.*

NON-FINITE VERB FORMS

Stem	*Edan*
Participle	*Edan*
Verb noun	*Edatea*

TO DRIVE – GIDATU

Tense type	Structure	Example
PRESENT	*Gidatzen*+indicative auxiliary verb	Gidatzen dut (I drive)
PRESENT PERFECT	*Gidatu*+ indicative auxiliary verb	Gidatu dut (I have driven)
PRESENT IMPERFECT	*Gidatu izan*+ indicative auxiliary verb	Gidatu izan dut (I have driven)
FUTURE TENSE	*Gidatuko*+ indicative auxiliary verb	Gidatuko dut (I will drive)
PAST	*Gidatzen*+ past auxiliary verb	Gidatzen nuen (I used to drive)
PAST PERFECT	*Gidatu*+ past auxiliary verb	Gidatu nuen (I drove)
PAST FUTURE	*Gidatuko*+ past auxiliary verb	Gidatuko nuen (I would drive)
CONDITIONAL	*Gidatuko* + conditional auxiliary verb	Gidatuko banu (If I drove)
CONSEQUENCE	*Gidatuko* + consequence auxiliary verb	Gidatuko nuke (I would drive)
PRESENT POTENTIAL	*Gidatu* + present potential auxiliary verb	Gidatu dezaket (I can drive)
HYPOTHETIC POTENTIAL	*Gidatu* + hypothetic auxiliary verb	Gidatu nezake (I could drive)

REGIME: NOR-NORK

The verb "To Drive" in Basque, "Gidatu" is built under a NOR-NORK regime (To drive a vehicle).

To build the correct auxiliary verb, please go to the mode tables and select the corresponding NOR-NORK regime table.

PRESENT	Audi txuri bat <u>gidatzen du</u>. *He drives a white Audi.*
PRESENT PERFECT	Michael Jackson entzuten <u>gidatu dut</u> etxerako bidean. *I have driven listening to Michael Jackson all the way back home.*
PRESENT IMPERFECT	Fernando Alonsok talde ospetsuenentzat <u>gidatu izan du</u>. *Fernando Alonso has driven for the most popular motor-racing teams.*
FUTURE TENSE	Bartzelonatik Parisera <u>gidatuko dute</u> eta ondoren belgikara joango dira. *They will drive from Barcelona to Paris and and then they'll go to Belgium.*
PAST	Mobylette zahar bat <u>gidatzen nuen</u> hemeritzi urte nituenean. *I used to drive an old mobylette when I was nineteen.*
PAST PERFECT	Deustutik Barakaldora ekaitz ikaragarri batekin <u>gidatu genuen</u>. *We drove from Deusto to Barakaldo under a terrible storm.*
PAST FUTURE	Kontu gehiagorekin <u>gidatuko zuela</u> zin egin zuen Adurrek. *Adur promised he would drive more carefully.*

CONDITIONAL	Maizago gidatuko banu gidari hobeagoa izango nintzateke. *If I drove more often I would be a better driver.*
CONSEQUENCE	Diru gehiago balu BMW bat gidatuko luke. *If he had more money he would drive a BMW.*
PRESENT POTENTIAL	Ez larritu, Idoiak ezagutzen dudan edonor baino hobeto gidatu dezake. *Don't worry, Idoia can drive better than anyone I know.*
HYPOTHETIC POTENTIAL	Hain gustura nago gau osoan gidatu nezakeela. *I'm so comfortable I could drive all night long.*

NON-FINITE VERB FORMS

Stem	*Gida*
Participle	*Gidatu*
Verb noun	*Gidatzea*

TO EAT – JAN

Tense type	Structure	Example
PRESENT	*Jaten*+indicative auxiliary verb	Jaten dut (I eat)
PRESENT PERFECT	*Jan*+ indicative auxiliary verb	Jan dut (I have eaten)
PRESENT IMPERFECT	*Jan izan*+ indicative auxiliary verb	Jan izan dut (I have eaten)
FUTURE TENSE	*Jango*+ indicative auxiliary verb	Jango dut (I will eat)
PAST	*Jaten*+ past auxiliary verb	Jaten nuen (I used to eat)
PAST PERFECT	*Jan*+ past auxiliary verb	Jan nuen (I ate)
PAST FUTURE	*Jango*+ past auxiliary verb	Jango nuen (I would eat)
CONDITIONAL	*Jango* + conditional auxiliary verb	Jango banu (If I ate)
CONSEQUENCE	*Jango* + consequence auxiliary verb	Jango nuke (I would eat)
PRESENT POTENTIAL	*Jan* + present potential auxiliary verb	Jan dezaket (I can eat)
HYPOTHETIC POTENTIAL	*Jan* + hypothetic auxiliary verb	Jan nezake (I could eat)

REGIME: NOR-NORK

The verb "To Eat" in Basque, "Jan" is built under a NOR-NORK regime (To eat something).

To build the correct auxiliary verb, please go to the mode tables and select the corresponding NOR-NORK regime table.

PRESENT	Nereak oilasko ogitarteko bat <u>jaten du</u> egunero bazkaltzeko. *Nerea <u>eats</u> a chicken sandwich for lunch every day.*
PRESENT PERFECT	Haragi gehiegi <u>jan dugu</u> aste honetan. *<u>We have eaten</u> too much meat this week.*
PRESENT IMPERFECT	Oso ondo <u>jan izan dut</u> donostira etorri naizen bakoitzean. *<u>I have eaten</u> very well every time I've come to Donostia.*
FUTURE TENSE	Marisko asko <u>jango duzute</u> hondarribiara joaten bazarete. *<u>You will eat</u> a lot of sea food if you go Hondarribia.*
PAST	Pintxo gozoak <u>jaten genituen</u> donostiako alde zaharrera joaten ginenean. *<u>We used to eat</u> tasty pintxos when we went to Old Donostia.*
PAST PERFECT	Andonik 3 txistorra bokata <u>jan zituen</u> joan den abenduko Santo Tomaseko jaietan. *Andoni <u>ate</u> 3 txistorra sandwiches in Saint Thomas party last December.*
PAST FUTURE	6 urteko umeak bere platereko barazki guztiak <u>jango zituela</u> zin egin

	zion amari. *The 6 years old kid promised her mother she would eat all the vegetables on her plate.*
CONDITIONAL	Eroa egongo zinateke Gaxeneko txurro hauek jango ez bazenitu. *You would be crazy if you didn't eat these churros from Gaxen.*
CONSEQUENCE	Argiñano sukaldariak prestatzen duen edozer jango nuke. *I would eat anything the chef Argiñano prepares.*
PRESENT POTENTIAL	Gosari continental bat jan dezakezu hotel honetan tarifa extra bast ordainduta. *You can eat a continental breakfast in this hotel if you pay an extra fee.*
HYPOTHETIC POTENTIAL	Hemen jan genezake egunero. Hau janari hona prestatzen dutena! *We could eat here every day. They cook such a delicious food!*

NON-FINITE VERB FORMS

Stem	*Jan*
Participle	*Jan*
Verb noun	*Jatea*

TO ENTER – SARTU

Tense type	Structure	Example
PRESENT	*Sartzen*+ indicative auxiliary verb	Sartzen naiz (I enter)
PRESENT PERFECT	*Sartu* + indicative auxiliary verb	Sartu naiz (I have entered)
PRESENT IMPERFECT	*Sartu izan izan*+ indicative auxiliary verb	Sartu izan naiz (I have entered)
FUTURE TENSE	*Sartuko*+ indicative auxiliary verb	Sartuko naiz (I will enter)
PAST	*Sartzen*+ past auxiliary verb	Sartzen nintzen (I used to enter)
PAST PERFECT	*Sartu* + past auxiliary verb	Sartu nintzen (I entered)
PAST FUTURE	*Sartuko*+ past auxiliary verb	Sartuko nintzen (I would enter)
CONDITIONAL	*Sartuko* + conditional auxiliary verb	Sartuko banintz (If I entered)
CONSEQUENCE	*Sartuko* + consequence auxiliary verb	Sartuko nintzateke (I would enter)
PRESENT POTENTIAL	*Sartu* + present potential auxiliary verb	Sartu naiteke (I can enter)
HYPOTHETIC POTENTIAL	*Sartu* + hypothetic auxiliary verb	Sartu ninteke (I could enter)

REGIME: NOR, NOR-NORK, NOR-NORI, NOR-NORI-NORK

The verb "To Enter" in Basque, "Sartu" can be built under a NOR regime (To enter somewhere), a NOR-NORK regime (the action on entering is performed by the direct objet), NOR-NORI (to enter in the property of someone), NOR-NORI-NORK (the action of entering in the property of someone is performed by the direct objet).

To build the correct auxiliary verb, please go to the mode tables and select the corresponding NOR, NOR-NORK, NOR-NORI or NOR-NORI-NORK regime table.

PRESENT	Haize hotza <u>sartzen da</u> gelan lehio hori irekitzen duzun bakoitzean. *The cold wind <u>enters</u> into the room every time you open that window.*
PRESENT PERFECT	Hegazkina eremu mugatuan <u>sartu da</u>. *The aircraft <u>has entered</u> into a restricted area.*
PRESENT IMPERFECT	Auzokoaren ardiak askotan <u>sartu izan zaizkit</u> nire zelaietan. *My neighbour's sheep <u>have entered</u> many times into my fields.*
FUTURE TENSE	Euria etxean <u>sartuko da</u> lehio guztiak ondo ixten ez baditugu. *The rain <u>will enter</u> the house if we don't close all the windows properly.*
PAST	Euliak <u>sartzen ziren</u> jenteredtxe barrura Sartu izanari apurren bila. *Flies <u>used to enter</u> into the restaurant looking for food leftovers.*
PAST PERFECT	Espazio untzia ilargiko alde ilunean <u>sartu zen</u>. *The spaceship entered*

	the dark side of the moon.
PAST FUTURE	Erritua egiten ez bagenuen gure arimetan mamu bat <u>sartuko zela</u> esan zuen sorginak. *The witch said a ghost <u>would enter</u> our souls if we didn't make the ritual.*
CONDITIONAL	Labirinto honetan <u>sartzen bagara</u> ez gara irtetzeko gai izango. *<u>If we enter</u> this maze we won't be able to get out.*
CONSEQUENCE	<u>Ez nintzake</u> inoiz <u>sartuko</u> baso batera gauez. *<u>I would</u> never <u>enter</u> a forest at night.*
PRESENT POTENTIAL	Museoan debalde <u>sartu zaitezke</u>. *<u>You can enter</u> the museum for free.*
HYPOTHETIC POTENTIAL	Nire kode sekretua buruz <u>sartu nezake</u> hainbat alditan erabili izan dut eta. *I've used it so many times <u>I could enter</u> my secret code by heart.*

NON-FINITE VERB FORMS

Stem	*Sar*
Participle	*Sartu*
Verb noun	*Sartzea*

TO EXIT – ATERA

Tense type	Structure	Example
PRESENT	*Ateratzen+* indicative auxiliary verb	Ateratzen naiz (I exit)
PRESENT PERFECT	*Atera izan+* indicative auxiliary verb	Atera naiz (I have exited)
PRESENT IMPERFECT	*Atera izan izan+* indicative auxiliary verb	Atera izan naiz (I have exited)
FUTURE TENSE	*Aterako+* indicative auxiliary verb	Aterako naiz (I will exit)
PAST	*Ateratzen+* past auxiliary verb	Ateratzen nintzen (I used to exit)
PAST PERFECT	*Atera izan+* past auxiliary verb	Atera nintzen (I exited)
PAST FUTURE	*Aterako+* past auxiliary verb	Aterako nintzen (I would exit)
CONDITIONAL	*Aterako +* conditional auxiliary verb	Aterako banintz (If I exited)
CONSEQUENCE	*Aterako +* consequence auxiliary verb	Aterako nintzateke (I would exit)
PRESENT POTENTIAL	*Atera +* present potential auxiliary verb	Atera naiteke (I can exit)
HYPOTHETIC POTENTIAL	*Atera +* hypothetic auxiliary verb	Atera ninteke (I could exit)

REGIME: NOR

The verb "To Exit" in Basque, "Atera" can be built under a NOR regime (To exit somewhere), but this verb can also work under a NOR-NORK regime (to take someone or something out of somewhere), NOR-NORI (to come up), NOR-NORI-NORK (to take something from somebody, to pull out or remove). Anyway, the literal translation of "leaving a place" in Basque only works under the NOR regime.

To build the correct auxiliary verb, please go to the mode tables and select the corresponding NOR, NOR-NORK, NOR-NORI or NOR-NORI-NORK regime table.

PRESENT	Azeria ahoran arrautza pare bat duelarik <u>ateratzen da</u> beti oilategitik. *The fox always <u>exits</u> the henhouse with a couple of eggs in its mouth.*
PRESENT PERFECT	Antzokitik <u>atera da</u> sopranoaren emanaldiaren aurretik. <u>*He has exited*</u> *the theater before the soprano's performance.*
PRESENT IMPERFECT	Ikasleak beti <u>atera izan dira</u> su-irtenbidetik larrialdi bat egon den bakoitzean. *Students <u>have</u> always <u>exited</u> the building from the fire exit every time there's been an emergency.*
FUTURE TENSE	Sartu naizen labirinto honetatik <u>aterako naiz</u> ahal bezain pronto. <u>*I will exit*</u> *from this maze I've gotten into as soon as I can.*
PAST	Gure irakaslea askotan <u>ateratzen zen</u> klasetik instituan geundenean. *Our teacher <u>used to exit</u> from class very often when we were at high*

	school
PAST PERFECT	Magoaren ikuskizunetik <u>atera ginen</u> benetan gertatu zena ere jakin gabe. *We exited from the magicians show without even knowing what had really happened.*
PAST FUTURE	Filma azkenekoa bezain txarra baldin bazen Anderrek zinematik <u>aterako zela</u> esan zuen. *Ander said he would exit from the cinema if the film was as bad as the last one.*
CONDITIONAL	Liburutegitik lehenago <u>aterako banintz</u> deituko nizuke. *If I exited from the library earlier I would call you.*
CONSEQUENCE	Biltegia berrituko balute arratoiak museotik <u>aterako lirateke</u>. *If the storehouse was restored the rats would exit from the museum.*
PRESENT POTENTIAL	Gelatik <u>atera zaitezke</u> nire aitona esnatu gabe? *Can you exit from the living room without waking my grandpa up?*
HYPOTHETIC POTENTIAL	Hemendik <u>atera al gintezke</u>, mesedez? *Could we exit from this place, please?*

NON-FINITE VERB FORMS

Stem	*Atera*
Participle	*Atera*
Verb noun	*Ateratzea*

TO EXPLAIN – AZALDU

Tense type	Structure	Example
PRESENT	*Azaltzen+* indicative auxiliary verb	Azaltzen dut (I explain)
PRESENT PERFECT	*Azaldu+* indicative auxiliary verb	Azaldu dut (I have explained)
PRESENT IMPERFECT	*Azaldu izan+* indicative auxiliary verb	Azaldu izan dut (I have explained)
FUTURE TENSE	*Azalduko+* indicative auxiliary verb	Azalduko dut (I will explain)
PAST	*Azaltzen+* past auxiliary verb	Azaltzen nuen (I used to explain)
PAST PERFECT	*Azaldu+* past auxiliary verb	Azaldu nuen (I explained)
PAST FUTURE	*Azalduko+* past auxiliary verb	Azalduko nuen (I would explain)
CONDITIONAL	*Azalduko* + conditional auxiliary verb	Azalduko banu (If I explained)
CONSEQUENCE	*Azalduko* + consequence auxiliary verb	Azalduko nuke (I would explain)
PRESENT POTENTIAL	*Azaldu* + present potential auxiliary verb	Azaldu dezaket (I can explain)
HYPOTHETIC POTENTIAL	*Azaldu* + hypothetic auxiliary verb	Azaldu nezake (I could explain)

REGIME: NOR-NORK, NOR-NORI-NORK

The verb "To Explain" in Basque, "Azaldu", can be built under a NOR-NORK regime (To explain something) or a NOR-NORI-NORK regime (To explain something to someone).

To build the correct auxiliary verb, please go to the mode tables and select the corresponding NOR-NORK or NOR-NORI-NORK regime table.

PRESENT	Egiten dituzun txiste guztiak <u>azaltzen dituzu</u>. *You always explain every joke you make.*
PRESENT PERFECT	Gidariak ibilbidea hiru hizkuntza desberdinetan <u>azaldu du</u>. *The guide has explained the route in three different languages.*
PRESENT IMPERFECT	Beti <u>azaldu izan dut</u> nire pentsakera ehiza ilegalari buruz. *I have always explained my thoughts on poaching.*
FUTURE TENSE	Bihar <u>azalduko dut</u> dena, eta orduan ulertuko duzute. *I will explain everything tomorrow, and then you'll understand it.*
PAST	Gure historia irakasleak oso modu bizian <u>azaltzen zuen</u> gerra zibila. *Our history teacher used to explain very vividly the civil war.*
PAST PERFECT	Oso ondo <u>azaldu zinen</u> atzo kontseiluan. *You explained yourself very well yesterday at the council.*
PAST FUTURE	Lehendakariak eskandalua parlamentuan <u>azalduko zuela</u> esan zuen.

	The president said he would explain the scandal in the parliament.
CONDITIONAL	Zure ideiak hobeto azalduko bazenitu beste modu batera ikusiko zintuzkete. *If you explained your ideas better they would look at you in a different way.*
CONSEQUENCE	Zer gertatu zen jakingo banu azalduko nizuke. *If I knew what happened I would explain it to you.*
PRESENT POTENTIAL	Azaldu dezaket, benetan! *I can explain it, I swear!*
HYPOTHETIC POTENTIAL	Eguraldi txarrak azaldu lezake haurten herrira etorri den turista kopuru txikia. *The bad weather could explain the low amount of tourists that have come to town this year.*

NON-FINITE VERB FORMS

Stem	*Azal*
Participle	*Azaldu*
Verb noun	*Azaltzea*

TO FALL – ERORI

Tense type	Structure	Example
PRESENT	*Erortzen*+indicative auxiliary verb	Erortzen naiz (I fall)
PRESENT PERFECT	*Erori*+ indicative auxiliary verb	Erori naiz (I have fallen)
PRESENT IMPERFECT	*Erori izan*+ indicative auxiliary verb	Erori izan naiz (I have fallen)
FUTURE TENSE	*Eroriko*+ indicative auxiliary verb	Eroriko naiz (I will fall)
PAST	*Erortzen*+ past auxiliary verb	Erortzen nintzen (I used to fall)
PAST PERFECT	*Erori*+ past auxiliary verb	Erori nintzen (I fell)
PAST FUTURE	*Eroriko*+ past auxiliary verb	Eroriko nintzen (I would fall)
CONDITIONAL	*Eroriko* + conditional auxiliary verb	Eroriko banintz (If I fell)
CONSEQUENCE	*Eroriko* + consequence auxiliary verb	Eroriko nintzateke (I would fall)
PRESENT POTENTIAL	*Erori* + present potential auxiliary verb	Eror naiteke (I can fall)
HYPOTHETIC POTENTIAL	*Erori* + hypothetic auxiliary verb	Eror ninteke (I could fall)

REGIME: NOR

The verb "To Fall" in Basque, "Erori" is built under a NOR regime (To fall).

To build the correct auxiliary verb, please go to the mode tables and select the corresponding NOR regime table.

PRESENT	Zerutik <u>erortzen naiz</u> goizean alarmak esnatzen nauen bakoitzean. *I fall from heaven every time alarm clock wakes me up in the morning.*
PRESENT PERFECT	Zerbait arraroa gertatu da gaur. Txori pilo bat <u>erori dira</u> zerutik gaur goizean. *Something strange has happened today. A lot of birds have fallen from the sky this morning.*
PRESENT IMPERFECT	Ane askotan <u>erori izan da</u> bere patinetean ume txikia zenean. *Ane has fallen many times from her skateboard when she was a little kid.*
FUTURE TENSE	Bizikletaren kontrola berreskuratzen ez baduzu <u>eroriko zara</u>. *You will fall if you don't regain control of your bicycle.*
PAST	Piraña itsasoan <u>erortzen nintzen</u> Nintendo joko zahar horretara jolasten nuen bakoitzean. *I used to fall into the piranha sea every time I played that old Nintendo game.*
PAST PERFECT	Gutariko asko lurrera <u>erori ginen</u> tenperatura altuak zirela eta. *A lot of us fell to the ground due to high temperature.*

PAST FUTURE	Bagenekien xagua gazta tranpan <u>eroriko zela</u>. *We knew the mouse would fall into the cheese trap.*
CONDITIONAL	<u>Eroriko banintz</u> lagunduko al zenidake? *If I fell would you help me out?*
CONSEQUENCE	Takoi horiek eramango banitu ziur aski <u>eroriko nintzateke</u>. *I would surely fall if I used those high heels.*
PRESENT POTENTIAL	Kontuz ibili, lorontziak balkoitik <u>eror daitezke</u> zuzen ipintzen ez badituzu. *Beware, the flowerpots can fall from the balcony if you don't place them properly.*
HYPOTHETIC POTENTIAL	Margolana <u>eror liteke</u> paretara ondo finkatzen ez baduzu. *The picture could fall if you don't attach it properly to the wall.*

NON-FINITE VERB FORMS

Stem	*Eror*
Participle	*Erori*
Verb noun	*Erortzea*

TO FEEL – SENTITU

Tense type	Structure	Example
PRESENT	*Sentitzen+* indicative auxiliary verb	Sentitzen dut (I feel)
PRESENT PERFECT	*Sentitu+* indicative auxiliary verb	Sentitu dut (I have felt)
PRESENT IMPERFECT	*Sentitu izan+* indicative auxiliary verb	Sentitu izan dut (I have felt)
FUTURE TENSE	*Sentituko+* indicative auxiliary verb	Sentituko dut (I will feel)
PAST	*Sentitzen+* past auxiliary verb	Sentitzen nuen (I used to feel)
PAST PERFECT	*Sentitu+* past auxiliary verb	Sentitu nuen (I felt)
PAST FUTURE	*Sentituko+* past auxiliary verb	Sentituko nuen (I would feel)
CONDITIONAL	*Sentituko +* conditional auxiliary verb	Sentituko banu (If I felt)
CONSEQUENCE	*Sentituko +* consequence auxiliary verb	Sentituko nuke (I would feel)
PRESENT POTENTIAL	*Sentitu +* present potential auxiliary verb	Sentitu dezaket (I can feel)
HYPOTHETIC POTENTIAL	*Sentitu +* hypothetic auxiliary verb	Sentitu nezake (I could feel)

REGIME: NOR-NORK

The verb "To Feel" in Basque, "Sentitu" is built under a NOR-NORK regime (To feel something).

To build the correct auxiliary verb, please go to the mode tables and select the corresponding NOR-NORK regime table.

PRESENT	Umea seguru <u>sentitzen da</u> amaren besoetan. *The kid <u>feels</u> safe into her mother's arms.*
PRESENT PERFECT	Noizbait <u>sentitu</u> al <u>duzu</u> sentimendu hau? "Maitasuna" du izena. *<u>Have you</u> ever <u>felt</u> this emotion? It's called "love".*
PRESENT IMPERFECT	Garikoitz askotan <u>sentitu izan da</u> ezdeus bat lanpostu nazkagarri horretan. *Garikoitz <u>has felt</u> useless many times when he was working on that disgusting job.*
FUTURE TENSE	Benetan <u>sentituko dugu</u> gobernuak zergak igotzen baditu. *If the government rises up taxes <u>we will</u> definitely <u>feel it</u>.*
PAST	Bakarrik <u>sentitzen nintzen</u> 90ko hamarkadan bilbon bizi nintzean. *<u>I used to feel</u> lonely when I was living in Bilbao back in the 90's.*
PAST PERFECT	Bere armiarma zentzumenari esker Spidermanek Iratxo Berdearen erasoa <u>sentitu zuen</u>. *Spiderman <u>felt</u> the Green Goblin's attack thanks to his spider-sense.*
PAST FUTURE	Aitorrek esan zuen haserre <u>sentituko zela</u> nahiz eta bera lasaitzen

	saiatu. *Aitor said <u>he would feel</u> angry even if I tried to calm him down.*
CONDITIONAL	Bera bezala <u>sentituko balitz</u> elkarrekin egongo lirateke bikote moduan. <u>*If he felt*</u> *the same way she does they would be together as a couple.*
CONSEQUENCE	Triste <u>sentituko nintzateke</u> abesti zahar hura berriz entzungo banu. *<u>I would feel</u> sad if I heard that old song again.*
PRESENT POTENTIAL	Guztiz ezaguna da ama batek bere semearen bihotz taupadak <u>sentitu ditzakeela</u>. *It's well known that a mother <u>can feel</u> her baby's heartbeat.*
HYPOTHETIC POTENTIAL	Publikoak eszenaren pasioa <u>sentitu lezake</u> aktore nagusiaren ahotsa bakarrik entzutearekin. *The audience <u>could feel</u> the passion of the scene just by hearing the main actor's voice.*

NON-FINITE VERB FORMS

Stem	*Senti*
Participle	*Sentitu*
Verb noun	*Sentitzea*

TO FIGHT – BORROKATU

Tense type	Structure	Example
PRESENT	*Borrokatzen*+ indicative auxiliary verb	Borrokatzen naiz (I fight)
PRESENT PERFECT	*Borrokatu*+ indicative auxiliary verb	Borrokatu naiz (I have fought)
PRESENT IMPERFECT	*Borrokatu izan*+ indicative auxiliary verb	Borrokatu izan naiz (I have fought)
FUTURE TENSE	*Borrokatuko*+ indicative auxiliary verb	Borrokatuko naiz (I will fight)
PAST	*Borrokatzen*+ past auxiliary verb	Borrokatzen nintzen (I used to fight)
PAST PERFECT	*Borrokatu*+ past auxiliary verb	Borrokatu nintzen (I fought)
PAST FUTURE	*Borrokatuko*+ past auxiliary verb	Borrokatuko nintzen (I would fight)
CONDITIONAL	*Borrokatuko* + conditional auxiliary verb	Borrokatuko banintz (If I fought)
CONSEQUENCE	*Borrokatuko* + consequence auxiliary verb	Borrokatuko nintzateke (I would fight)
PRESENT POTENTIAL	*Borrokatu* + present potential auxiliary verb	Borrokatu naiteke (I can fight)
HYPOTHETIC POTENTIAL	*Borrokatu* + hypothetic auxiliary verb	Borrokatu ninteke (I could fight)

REGIME: NOR, NOR-NORK

The verb "To Fight" in Basque, "Borrokatu" is built under a NOR regime (To fight). "To Fight" can also be translated as "Borrokan egin". In this case, the verb regime we must use is NOR-NORK.

To build the correct auxiliary verb, please go to the mode tables and select the corresponding NOR or NOR-NORK regime table.

PRESENT	Gehiegi <u>borrokatzen zara</u> zure arrebarekin. *<u>You fight</u> too much with your sister.*
PRESENT PERFECT	Beste txakur batekin <u>borrokatu da</u> Pipo parkean gaur arratsaldean. *Pipo <u>has fought</u> with another dog at the park this afternoon.*
PRESENT IMPERFECT	Alderdi Socialistari ez zaio hezkuntzaren lege berria gustatzen eta 2011z geroztik bere aurka <u>borrokatu da.</u> *The Socialist Party doesn't like the new education law and <u>they have fought</u> against it since 2011.*
FUTURE TENSE	Irabazi ezin duzun bataila batean <u>borrokan egingo duzu.</u> *<u>You will fight</u> a battle you can't win.*
PAST	Godzilla Gamerarekin <u>borrokatzen zen</u> 60ko hamarkadan. *Godzilla <u>used to fight</u> Gamera back in the 60's.*
PAST PERFECT	Legearen aurka <u>borrokatu ginen</u>, baina legeak irabazi zuen. *<u>We</u>

	fought the law, but the law won.
PAST FUTURE	Banekien <u>borrokatuko zinela</u> taberna horretara joaten bazinen. *I knew <u>you would fight</u> if you went to that bar.*
CONDITIONAL	Elkarrekin <u>borrokatuko bagina</u> benetan garrantzitsua denari buruz hitz egiteko denbora alferrik galduko genuke. *<u>If we fought</u> each other we would waste our time to talk about what's really important.*
CONSEQUENCE	Bidegabekeriarik balego Arartekoak bere aurka <u>borrokatuko luke</u>. *If there was an injustice The Ombudsman <u>would fight</u> against it.*
PRESENT POTENTIAL	Batman Supermanen aurka <u>borrokatu daiteke</u> aurrez aurre. *Batman <u>can fight</u> against Superman in equal conditions.*
HYPOTHETIC POTENTIAL	Zurekin <u>borrokan egin nezake</u>, baina iada ez naiz istiluen zale. *<u>I could fight</u> you but I'm not a punk anymore.*

NON-FINITE VERB FORMS

Stem	*Borroka*
Participle	*Borrokatu*
Verb noun	*Borrokatzea*

TO FIND – AURKITU

Tense type	Structure	Example
PRESENT	*Aurkitzen+* indicative auxiliary verb	Aurkitzen dut (I find)
PRESENT PERFECT	*Aurkitu+* indicative auxiliary verb	Aurkitu dut (I have found)
PRESENT IMPERFECT	*Aurkitu izan+* indicative auxiliary verb	Aurkitu izan dut (I have found)
FUTURE TENSE	*Aurkituko+* indicative auxiliary verb	Aurkituko dut (I will find)
PAST	*Aurkitzen+* past auxiliary verb	Aurkitzen nuen (I used to find)
PAST PERFECT	*Aurkitu+* past auxiliary verb	Aurkitu nuen (I found)
PAST FUTURE	*Aurkituko+* past auxiliary verb	Aurkituko nuen (I would find)
CONDITIONAL	*Aurkituko +* conditional auxiliary verb	Aurkituko banu (If I found)
CONSEQUENCE	*Aurkituko +* consequence auxiliary verb	Aurkituko nuke (I would find)
PRESENT POTENTIAL	*Aurkitu +* present potential auxiliary verb	Aurkitu dezaket (I can find)
HYPOTHETIC POTENTIAL	*Aurkitu +* hypothetic auxiliary verb	Aurkitu nezake (I could find)

REGIME: NOR-NORK

The verb "To Find" in Basque, "Aurkitu" is built under a NOR-NORK regime (To find something).

To build the correct auxiliary verb, please go to the mode tables and select the corresponding NOR-NORK regime table.

PRESENT	Zoragarri <u>aurkitzen dut</u>! *I find it fascinating!*
PRESENT PERFECT	Bizitzaren esanahia <u>aurkitu duzu</u> azkenean! Zorionak! *Finally <u>you have</u> found the meaning of life! Congratulations!*
PRESENT IMPERFECT	Askotan <u>aurkitu izan ditugu</u> txanponak sofa azpian. *<u>We have found</u> coins many times under the sofa.*
FUTURE TENSE	Lasai egon zaitez, txakurrak bere etxerako bidea <u>aurkituko du</u>. *Don't worry, the dog <u>will find</u> its way home.*
PAST	Oso berezia <u>aurkitzen zuen</u> hitz egiten duzun modua. *He used to find the way you talk very peculiar.*
PAST PERFECT	Oporrak igaroteko leku ederra <u>aurkitu genuen</u>. *<u>We found</u> a beautiful place to spend our holidays.*
PAST FUTURE	Giltzak <u>aurkituko nituela</u> esan nizun. *I told you <u>I would find</u> the keys.*
CONDITIONAL	Zure diru-zorroa <u>aurkituko banu</u> bueltatuko nizuke. *<u>If I found</u> your*

	wallet I would give it back to you.
CONSEQUENCE	Denbora gehiago banu asmakizunaren erantzuna <u>aurkituko nuke</u>. *If I had more time <u>I would find</u> the answer to the riddle.*
PRESENT POTENTIAL	Txalupa tabernan <u>aurkitu gatzaizkezu</u>. *<u>You can find us</u> in Txalupa's tabern.*
HYPOTHETIC POTENTIAL	Erraz <u>aurkitu zintzaket</u> jendartean, oso berezia zara eta. *<u>I could</u> easily <u>find you</u> among the crowd, you're so unique.*

NON-FINITE VERB FORMS

Stem	*Aurki*
Participle	*Aurkitu*
Verb noun	*Aurkitzea*

TO FINISH – BUKATU

Tense type	Structure	Example
PRESENT	*Bukatzen*+ indicative auxiliary verb	Bukatzen dut (I finish)
PRESENT PERFECT	*Bukatu*+ indicative auxiliary verb	Bukatu dut (I have finished)
PRESENT IMPERFECT	*Bukatu izan*+ indicative auxiliary verb	Bukatu izan dut (I have finished)
FUTURE TENSE	*Bukatuko*+ indicative auxiliary verb	Bukatuko dut (I will finish)
PAST	*Bukatzen*+ past auxiliary verb	Bukatzen nuen (I used to finish)
PAST PERFECT	*Bukatu*+ past auxiliary verb	Bukatu nuen (I finished)
PAST FUTURE	*Bukatuko*+ past auxiliary verb	Bukatuko nuen (I would finish)
CONDITIONAL	*Bukatuko* + conditional auxiliary verb	Bukatuko banu (If I finished)
CONSEQUENCE	*Bukatuko* + consequence auxiliary verb	Bukatuko nuke (I would finish)
PRESENT POTENTIAL	*Bukatu* + present potential auxiliary verb	Bukatu dezaket (I can finish)
HYPOTHETIC POTENTIAL	*Bukatu* + hypothetic auxiliary verb	Bukatu nezake (I could finish)

REGIME: NOR-NORK

The verb "To Finish" in Basque, "Bukatu" is built under a NOR-NORK regime (To finish something).

To build the correct auxiliary verb, please go to the mode tables and select the corresponding NOR-NORK regime table.

PRESENT	Beti bukatzen duzu nire ondoren Mario Kartera jolasten garenean. *You always finish after me when we play Mario Kart.*
PRESENT PERFECT	Liburu bat idazten bukatu berri dut eta orain argitaratu nahiean nabil. *I've just finished writing a book and now I'm trying to publish it.*
PRESENT IMPERFECT	Beti bukatu izan ditut etxekolanak nire ahizpa baino lehen. *I have always finished doing my homework before my sister.*
FUTURE TENSE	Ikuskizuna 22:00tan bukatuko da. *The show will finish at 22:00.*
PAST	10 urte genituenean egun bat lakuko bordan igarota bukatzen genituen gure oporrak. *When we were 10 we used to finish our holidays spending one day at the cabin in the lake.*
PAST PERFECT	Aurreko gobernuak bere agintaldia 2012an bukatu zuen. *The last government finished his mandate in 2012.*
PAST FUTURE	Lapurrak bazekien galdeteketa ez zela bukatuko berak egia esan

	arte. *The thief knew the interrogation <u>wouldn't finish</u> until he told the truth.*
CONDITIONAL	Lana <u>bukatuko banu</u> zurekin aterako nintzateke zerbait hartzera. <u>*If I finished*</u> *the job I would go out with you for a drink.*
CONSEQUENCE	*Lasterketa <u>bukatuko nuke</u> baina indarrik gabe gelditu naiz. <u>I would finish</u> the race but I no longer have the strength to do it.*
PRESENT POTENTIAL	Pastela <u>bukatu dezaket</u> baina esne gehiago behar dut. <u>*I can finish*</u> *the cake, but I need more milk.*
HYPOTHETIC POTENTIAL	Tratamendu berri honek gaixotasunarekin <u>bukatu lezake</u> baina oso garestia da. *This new treatment <u>could finish</u> the disease, but it's very expensive.*

NON-FINITE VERB FORMS

Stem	*Buka*
Participle	*Bukatu*
Verb noun	*Bukatzea*

TO FLY – HEGAN EGIN

Tense type	Structure	Example
PRESENT	*Hegan egiten+* indicative auxiliary verb	Hegan egiten dut (I fly)
PRESENT PERFECT	*Hegan egin+* indicative auxiliary verb	Hegan egin dut (I have flown)
PRESENT IMPERFECT	*Hegan egin izan+* indicative auxiliary verb	Hegan egin izan dut (I have flown)
FUTURE TENSE	*Hegan egingo+* indicative auxiliary verb	Hegan egingo dut (I will fly)
PAST	*Hegan egiten+* past auxiliary verb	Hegan egiten nuen (I used to fly)
PAST PERFECT	*Hegan egin+* past auxiliary verb	Hegan egin nuen (I flew)
PAST FUTURE	*Hegan egingo+* past auxiliary verb	Hegan egingo nuen (I would fly)
CONDITIONAL	*Hegan egingo +* conditional auxiliary verb	Hegan egingo banu (If I flew)
CONSEQUENCE	*Hegan egingo +* consequence auxiliary verb	Hegan egingo nuke (I would fly)
PRESENT POTENTIAL	*Hegan egin +* present potential auxiliary verb	Hegan egin dezaket (I can fly)
HYPOTHETIC POTENTIAL	*Hegan egin +* hypothetic auxiliary verb	Hegan egin nezake (I could fly)

REGIME: NOR-NORK

The verb "To Fly" in Basque, "Hegan egin" is built under a NOR-NORK regime (To fly).

To build the correct auxiliary verb, please go to the mode tables and select the corresponding NOR-NORK regime table.

PRESENT	Hegazkin hau Madriletik Bartzelonara <u>hegan egiten du</u>. *This plane <u>flies</u> from Madrid to Barcelona.*
PRESENT PERFECT	Ryanairekin <u>hegan egin dute</u> merkeagoa delako. *<u>They have flown</u> with Ryanair because it is cheaper.*
PRESENT IMPERFECT	Hirutan <u>hegan egin izan</u> dut konpainia honekin eta inoiz ez dut inongo arazorik izan. *<u>I have flown</u> three times with this company and I've never had a problem.*
FUTURE TENSE	Txoriaren hegala sendatzen baduzu <u>hegan egingo du</u>. *If you heal the bird's wing <u>it will fly</u>.*
PAST	Arranoek gure gainetik <u>hegan egiten zuten</u> Burezur Irlara joan ginenean. *The eagles <u>used to fly</u> above us when we went to Skull Island.*
PAST PERFECT	Supermanek zerura <u>hegan egin zuen</u> eta distira batean desagertu zen. *Superman <u>flew</u> in the sky and disappeared in a twinkle.*
PAST FUTURE	Hurrengo astean Monakora <u>hegan egingo zutela</u> zin egin zion bere

	neskalagunari. *He promised her girlfriend they would fly to Monaco next week.*
CONDITIONAL	Arabiar Emirerrira <u>hegan egingo bagenu</u> Abu Dabi bisitatuko genuke. *If we flew to Arab Emirates we would visit Abu Dabi.*
CONSEQUENCE	Merkeagoa balitz jende gehiago <u>hegan egingo luke</u> Iberiarekin. *More people would fly with Iberia If it were cheaper.*
PRESENT POTENTIAL	Txoriek <u>hegan egin dezakete</u> grabitateari aurka egiteko egokituak daudelako. Birds <u>can fly</u> because they're adapted to fight against gravity.
HYPOTHETIC POTENTIAL	<u>Hegan egin nezakeela</u> sinetsi egiten dut musu ematen dizudan bakoitzean. *I believe I could fly every time I kiss you.*

NON-FINITE VERB FORMS

Stem	*Hegan egin*
Participle	*Hegan egin*
Verb noun	*Hegan egitea*

TO FORGET – AHAZTU

Tense type	Structure	Example
PRESENT	*Ahazten+* indicative auxiliary verb	Ahazten dut (I forget)
PRESENT PERFECT	*Ahaztu+* indicative auxiliary verb	Ahaztu dut (I have forgotten)
PRESENT IMPERFECT	*Ahaztu izan+* indicative auxiliary verb	Ahaztu izan dut (I have forgotten)
FUTURE TENSE	*Ahaztuko+* indicative auxiliary verb	Ahaztuko dut (I will forget)
PAST	*Ahazten+* past auxiliary verb	Ahazten nuen (I used to forget)
PAST PERFECT	*Ahaztu+* past auxiliary verb	Ahaztu nuen (I forgot)
PAST FUTURE	*Ahaztuko+* past auxiliary verb	Ahaztuko nuen (I would forget)
CONDITIONAL	*Ahaztuko +* conditional auxiliary verb	Ahaztuko banu (If I forgot)
CONSEQUENCE	*Ahaztuko +* consequence auxiliary verb	Ahaztuko nuke (I would forget)
PRESENT POTENTIAL	*Ahaztu +* present potential auxiliary verb	Ahaztu dezaket (I can forget)
HYPOTHETIC POTENTIAL	*Ahaztu +* hypothetic auxiliary verb	Ahaztu nezake (I could forget)

REGIME: NOR-NORK, NOR-NORI

The verb "To Forget" in Basque, "Ahaztu", can be built under a NOR-NORK regime (To forget something) or a NOR-NORI regime (something is forgotten by someone).

To build the correct auxiliary verb, please go to the mode tables and select the corresponding NOR-NORK or NOR-NORI regime table.

PRESENT	Buru arina dut nik, dena <u>ahazten zait</u>.*I have a volatile mind, <u>I forget</u> everything.*
PRESENT PERFECT	Mikel Amaia geltokian jasotzeaz <u>ahaztu da</u>. *Mikel <u>has forgotten</u> picking Amaia up at the station.*
PRESENT IMPERFECT	Beti <u>ahaztu izan ditut</u> egun bereziak, ez ditut inoiz gogoratzen. *<u>I have</u> always <u>forgotten</u> special dates, I never remember them.*
FUTURE TENSE	Kriskitin egingo dut eta gertatu den guztia <u>ahaztuko duzu</u>. *I will snap my fingers and <u>you will forget</u> everything has happened.*
PAST	Askotan <u>ahazten zuen</u> bere telefono mobilaren pin kodea. *<u>He used to forget</u> very often the PIN code of his cell phone.*
PAST PERFECT	Afaria ordaintzea <u>ahaztu genuen</u>. *<u>We forgot</u> to pay for the dinner.*
PAST FUTURE	Banekien landareak urestatzeaz <u>ahaztuko zinela</u>. *I knew <u>you would forget</u> watering the plants.*

CONDITIONAL	Nire urtebetetzea berriro <u>ahazten bazaizu</u> asko haserretuko naiz zurekin. *If you forget my birthday once again I'll get very mad at you.*
CONSEQUENCE	Nigatik ez balitz ziur nago <u>ahaztuko zenukeela</u>. *I knew you would forget it if it wasn't for me.*
PRESENT POTENTIAL	Guzti hau <u>ahaztu dezaket</u> opari bat ekartzen badidazu. *I can forget all this if you bring me a present.*
HYPOTHETIC POTENTIAL	<u>Ezin</u> izango <u>lituzke</u> inoiz begi urdin horiek <u>ahaztu</u>. *He could never forget those blue eyes.*

NON-FINITE VERB FORMS

Stem	*Ahaz*
Participle	*Ahaztu*
Verb noun	*Ahaztea*

TO GET UP – ALTXATU

Tense type	Structure	Example
PRESENT	*Altxatzen*+ indicative auxiliary verb	Altxatzen naiz (I get up)
PRESENT PERFECT	*Altxatu* + indicative auxiliary verb	Altxatu naiz (I have gotten up)
PRESENT IMPERFECT	*Altxatu izan*+ indicative auxiliary verb	Altxatu izan naiz (I have gotten up)
FUTURE TENSE	*Altxatuko*+ indicative auxiliary verb	Altxatuko naiz (I will get up)
PAST	*Altxatzen*+ past auxiliary verb	Altxatzen nintzen (I used to get up)
PAST PERFECT	*Altxatu*+ past auxiliary verb	Altxatu nintzen (I got up)
PAST FUTURE	*Altxatuko*+ past auxiliary verb	Altxatuko nintzen (I would get up)
CONDITIONAL	*Altxatuko* + conditional auxiliary verb	Altxatuko banintz (If I got up)
CONSEQUENCE	*Altxatuko* + consequence auxiliary verb	Altxatuko nintzateke (I would get up)
PRESENT POTENTIAL	*Altxatu* + present potential auxiliary verb	Altxatu naiteke (I can get up)
HYPOTHETIC POTENTIAL	*Altxatu* + hypothetic auxiliary verb	Altxatu ninteke (I could get up)

REGIME: NOR, NOR-NORK

The verb "To Get up" in Basque, "Altxatu" can be built under a NOR regime (To get up somewhere), but this verb can also work under a NOR-NORK regime if the action of getting up is done by the subject over the direct object (to help somebody get up).

To build the correct auxiliary verb, please go to the mode tables and select the corresponding NOR or NOR-NORK regime table.

PRESENT	Gloria goizeko 6:00tan <u>altxatzen da</u> egunero. *Gloria <u>gets up</u> at 6:00 every morning.*
PRESENT PERFECT	Epaimahaia <u>altxatu</u> eta bere epaia aurkeztu <u>du</u>.*The jury <u>has gotten up</u> and announced the verdict.* (Note: In some particular cases, and if the sentence still keeps its meaning, we can omit the auxiliary verb)
PRESENT IMPERFECT	Zenbat aldiz <u>altxatu izan naiz</u> goiz igandean zuri gosaria prestatzeko? *How many times <u>have I gotten up</u> early on Sunday to make you breakfast?*
FUTURE TENSE	<u>Altxatuko</u> al <u>zara</u>, mesedez? *<u>Will you get up</u>, please?*
PAST	Okina nintzenean goizeko bostetan <u>altxatzen nintzen</u>. *When I was working as a baker <u>I used to get up</u> at 5 in the morning.*
PAST PERFECT	Ume txikia lurrera erori baina azkar <u>altxatu zen</u>. *The baby fell to the floor but <u>he got up</u> rapidly.*

89

PAST FUTURE	Banekien berandu <u>altxatuko zinela</u>. *I knew <u>you would get up</u> late.*
CONDITIONAL	Sofatik <u>altxatuko bazina</u> paseatzera joan gintezke. <u>*If you got up*</u> *from the sofa we could go for a walk.*
CONSEQUENCE	Kontzertua ain txarra balitz <u>altxatu</u> eta joan egingo <u>ginateke</u>. *If the concert was so bad <u>we would get up</u> and leave.*
PRESENT POTENTIAL	Ez dakit nola <u>altxatu zaitezkeen</u> hainbeste alditan gauero. *I don't know how <u>you can get up</u> so many times at night.*
HYPOTHETIC POTENTIAL	<u>Altxatu zintezke</u> eta eserlekua libre utzi emakume heldu honentzat mesedez? <u>*Could you get up*</u> *and leave your seat for this old lady, please?*

NON-FINITE VERB FORMS

Stem	*Altxa*
Participle	*Altxatu*
Verb noun	*Altxatzea*

TO GIVE – EMAN

Tense type	Structure	Example
PRESENT	*Ematen*+indicative auxiliary verb	Ematen dizut (I give)
PRESENT PERFECT	*Eman*+ indicative auxiliary verb	Eman dizut (I have given)
PRESENT IMPERFECT	*Eman izan*+ indicative auxiliary verb	Eman izan dizut (I have given)
FUTURE TENSE	*Emango*+ indicative auxiliary verb	Emango dizut (I will give)
PAST	*Ematen*+ past auxiliary verb	Ematen nizun (I used to give)
PAST PERFECT	*Eman*+ past auxiliary verb	Eman nizun (I gave)
PAST FUTURE	*Emango*+ past auxiliary verb	Emango nizun (I would give)
CONDITIONAL	*Emango* + conditional auxiliary verb	Emango banizu (If I gave)
CONSEQUENCE	*Emango* + consequence auxiliary verb	Emango nizuke (I would give)
PRESENT POTENTIAL	*Eman* + present potential auxiliary verb	Eman diezazuket (I can give)
HYPOTHETIC POTENTIAL	*Eman* + hypothetic auxiliary verb	Eman niezazuke (I could give)

REGIME: NOR-NORK, NOR-NORI-NORK

The verb "To Give" in Basque, "Eman", can be built under a NOR-NORI-NORK regime (To give something to someone) or a NOR-NORK regime (To give something, without mentioning who's receiving it).

To build the correct auxiliary verb, please go to the mode tables and select the corresponding NOR-NORK or NOR-NORI-NORK regime table.

PRESENT	Inork ez du horrelako zerbait debalde ematen. *Nobody gives something like this for free.*
PRESENT PERFECT	Etxeko giltza eman dizut, beraz nahi duzunean etor zaitezke. *I have given you the key to my house, so you can come anytime you want.*
PRESENT IMPERFECT	Aholku onak eman izan dizkidazu azken urte hauetan. *You've given quite good advises to me through all this years.*
FUTURE TENSE	Fundazioak 200.000 euro emango ditu karitatean. *The foundation will give 200.000 euros to charity.*
PAST	Muxu bat ematen zion amari eskolara joan aurretik. *He used to give a kiss to his mother before going to school.*
PAST PERFECT	Odola eman nuen ospitalean joan den asteartean. *I gave blood in the hospital last Tuesday.*
PAST FUTURE	Porsche horretan bueltaxka bat emango zigula zin egin zigun. *He*

	promised <u>he would give us</u> a ride on that Porsche.
CONDITIONAL	Dirua <u>emango banizu</u> sarrera bat erosiko al zenidake? *<u>If I gave you</u> some money would you buy me a ticket?*
CONSEQUENCE	Modu onean eskatuko bazenu zigarro bat <u>emango nizuke</u>. *If you asked it politely <u>I would give you</u> a cigarette.*
PRESENT POTENTIAL	Marrubi landare batek 100 fruitu <u>eman ditzake</u> urtero. *One strawberry plant <u>can give</u> up to 100 fruits every year.*
HYPOTHETIC POTENTIAL	Gehiago <u>eman zenezake</u>, baina alfer hutsa zara. *<u>You could give</u> more, but you're so lazy.*

NON-FINITE VERB FORMS

Stem	*Eman*
Participle	*Eman*
Verb noun	*Ematea*

TO GO – JOAN

Tense type	Structure	Example
PRESENT	*Joaten+* indicative auxiliary verb	Joaten naiz (I go)
PRESENT PERFECT	*Joan+* indicative auxiliary verb	Joan naiz (I have gone)
PRESENT IMPERFECT	*Joan izan+* indicative auxiliary verb	Joan izan naiz (I have gone)
FUTURE TENSE	*Joango+* indicative auxiliary verb	Joango naiz (I will go)
PAST	*Joaten+* past auxiliary verb	Joaten nintzen (I used to go)
PAST PERFECT	*Joan+* past auxiliary verb	Joan nintzen (I went)
PAST FUTURE	*Joango+* past auxiliary verb	Joango nintzen (I would go)
CONDITIONAL	*Joango* + conditional auxiliary verb	Joango banintz (If I went)
CONSEQUENCE	*Joango* + consequence auxiliary verb	Joango nintzateke (I would go)
PRESENT POTENTIAL	*Joan* + present potential auxiliary verb	Joan naiteke (I can go)
HYPOTHETIC POTENTIAL	*Joan* + hypothetic auxiliary verb	Joan ninteke (I could go)

REGIME: NOR, NOR-NORI

The verb "To Go" in Basque, "Joan", is usually built under a NOR regime (To go somewhere) but it can also work under a NOR-NORI regime (The object that carries out the action is the indirect object. It's usually used in colloquial conversations).

To build the correct auxiliary verb, please go to the mode tables and select the corresponding NOR or NOR-NORI regime table. The verb *joan* is one of the 24 synthetic verbs in Basque so it can also be conjugated as a synthetic verb.

PRESENT	Gimnasiora <u>joaten da</u> astean bitan. *She goes to the gym twice a week.*
PRESENT PERFECT	Dagoeneko <u>joan</u> egin <u>da</u>? *Has he gone already?*
PRESENT IMPERFECT	Askotan <u>joan izan gara</u> Tunk kontzertu aretora, 2008an itxi zuten arte. *We've gone to the Tunk concert hall many times until they closed in 2008.*
FUTURE TENSE	Bera oinez <u>joango da</u>; nik taxi bat hartuko dut. *He'll go on foot; I'll take a taxi cab.*
PAST	Gure familia malagara <u>joaten zen</u> oporretan, baina orain toki garestia bihurtu da. *Our family <u>used to go</u> Malaga on holidays, but now it's become very expensive.*
PAST PERFECT	Mariren etxera <u>joan ginen</u> afaltzera. *We went to Mari's house for*

	dinner.
PAST FUTURE	Badakit <u>joango nintzela</u> esan dudala baina oso berandu egin da, barkatu. *I know I said <u>I would go</u> but it's too late, sorry.*
CONDITIONAL	Jaizkibelera <u>joango bazina</u> Guadalupeko gotorlekua ikusiko zenuke. *<u>If you went</u> to Jaizkibel you would see the Guadalupe fort.*
CONSEQUENCE	Arzak jatetxera <u>joango nintzateke</u> baina itxaron zerrenda oso luzea da. *<u>I would go</u> to the Arzak restaurant but there's a very long waiting list.*
PRESENT POTENTIAL	Donostiko aquariumera <u>joan gaitezke</u> nahi baduzu. *<u>We can go</u> to the aquarium of Donosti if you want.*
HYPOTHETIC POTENTIAL	Zurekin edonora <u>joan ninteke</u>. *<u>I could go</u> anywhere with you.*

NON-FINITE VERB FORMS

Stem	*Joan*
Participle	*Joan*
Verb noun	*Joatea*

TO HAPPEN – GERTATU

Tense type	Structure	Example
PRESENT	*Gertatzen+* indicative auxiliary verb	Gertatzen da (it happen)
PRESENT PERFECT	*Gertatu+* indicative auxiliary verb	Gertatu da (it has happened)
PRESENT IMPERFECT	*Gertatu izan+* indicative auxiliary verb	Gertatu izan da (it has happened)
FUTURE TENSE	*Gertatuko+* indicative auxiliary verb	Gertatuko da (it will happen)
PAST	*Gertatzen+* past auxiliary verb	Gertatzen zen (it used to happen)
PAST PERFECT	*Gertatu+* past auxiliary verb	Gertatu zen (it happened)
PAST FUTURE	*Gertatuko+* past auxiliary verb	Gertatuko zen (it would happen)
CONDITIONAL	*Gertatuko +* conditional auxiliary verb	Gertatuko balitz (If it happened)
CONSEQUENCE	*Gertatuko +* consequence auxiliary verb	Gertatuko litzateke (it would happen)
PRESENT POTENTIAL	*Gertatu +* present potential auxiliary verb	Gertatu daiteke (it can happen)
HYPOTHETIC POTENTIAL	*Gertatu +* hypothetic auxiliary verb	Gertatu liteke (it could happen)

REGIME: NOR, NOR-NORI

The verb "To Happen" in Basque, "Gertatu", is usually built under a NOR regime (To happen) but it can also work under a NOR-NORI regime (smething happened to somebody).

To build the correct auxiliary verb, please go to the mode tables and select the corresponding NOR or NOR-NORI regime table.

PRESENT	Lasai egon, askotan <u>gertatzen da</u>. *Don't worry, it happens all the time.*
PRESENT PERFECT	Eguzki eklipsea <u>gertatu</u> berri <u>da</u>, ikusi al duzu? *The eclipse of the sun has just <u>happened</u>, have you seen it?*
PRESENT IMPERFECT	Egoera hau askotan <u>gertatu izan da</u> antzinean, ikasia beharko genuke. *This situation <u>has happened</u> many times in the past, we should have learned from it.*
FUTURE TENSE	Zer <u>gertatuko da</u> petroleo gabe gelditzen garenean? *What <u>will happen</u> when we get out of oil?*
PAST	Kale gatazkak larogeita hamarreko hamarkadan <u>gertatzen ziren</u>, gaur egun seguruak dira. *Street riots <u>used to happen</u> back in the nineties, nowadays the streets are safe.*
PAST PERFECT	Esaten dizudan moduan <u>gertatu zen</u>. *<u>It happened</u> just the way I'm telling you.*

PAST FUTURE	Banekien hau <u>gertatuko zela</u>. *I knew this <u>would happen.</u>*
CONDITIONAL	Lehenengo zitan ezer <u>gertatuko ez balitz</u>, zergatik eskatu bigarren bat? *<u>If</u> nothing <u>happened</u> in the first date, why would you ask him for a second one?*
CONSEQUENCE	<u>Gertatuko balitz</u>, zer egingo zenuke? *<u>If</u> it <u>happened</u>, what would you do?*
PRESENT POTENTIAL	Ez da ezinezkoa, <u>gertatu daiteke</u>. *It's not impossible, <u>it can happen.</u>*
HYPOTHETIC POTENTIAL	Gobernua ain ahula da, dimisioa edozein <u>momentutan gertatu litekeela</u>. *The government is so weak, that the resignation of the president <u>could happen</u> any moment.*

NON-FINITE VERB FORMS

Stem	*Gerta*
Participle	*Gertatu*
Verb noun	*Gertatzea*

TO HAVE – EDUKI

Tense type	Structure	Example
PRESENT	Indicative present NOR-NORK auxiliary verb	Dut or Daukat (I have)
PRESENT PERFECT	*Izan*+ indicative auxiliary verb	Izan dut (I have had)
FUTURE TENSE	*Izango*+ indicative auxiliary verb	Izango dut (I will have)
PAST	Indicative past NOR-NORK auxiliary verb	*Nuen* or *Neukan* (I used to have)
PAST PERFECT	*Izan*+ past auxiliary verb	Izan nuen (I had)
PAST FUTURE	*Izango*+ past auxiliary verb	Izango nuen (I would have)
CONDITIONAL	*Izango* + conditional auxiliary verb	Izango banu (If I had)
CONSEQUENCE	*Izango* + consequence auxiliary verb	Izango nuke (I would have)
PRESENT POTENTIAL	*Izan* + present potential auxiliary verb	Izan dezaket (I can have)
HYPOTHETIC POTENTIAL	*Izan* + hypothetic auxiliary verb	Izan nezake (I could have)

REGIME: NOR-NORK

The verb "To Have" in Basque, "Eduki" or "Izan" is built under a NOR-NORK regime (To have something). This verb is one of the 24 synthetic verbs in Basque, so to build the correct verb form in present simple and past simple tenses we have to use the synthetic form of the verb. Note also that the verb *Eduki/Izan* doesn't have a specific representation of the present imperfect tense (to use the present imperfect tense we'll use the same structure used in the present perfect form).

To build the correct auxiliary verb for the rest of the tenses, please go to the mode tables and select the corresponding NOR-NORK regime table.

PRESENT	Bere hoteleko gelak <u>ez dauka</u> bainugelarik. *His hotel room <u>doesn't have</u> any bathroom.*
PRESENT PERFECT	Oso eguraldi txarra <u>izan dugu</u> irunen azkenaldian. *We have had a terrible weather lately in Irun.*
FUTURE TENSE	Denbora libre gehiago <u>izango duzu</u> jubilatzen zarenean. *You will have more free time when you get retired.*
PAST	Bizikleta bat <u>neukan</u> trastelekuan, baina galdu dudala uste dut. *I used to have an old bike in the attic, but I think I've lost it.*
PAST PERFECT	Sekulako afaria <u>izan genuen</u> atzo gauean Itziarren etxean. *We had a wonderful dinner in Itziar's house last night.*
PAST FUTURE	Mikelek Andoniri esan zion tiketak 6:00ak aldera <u>izango zituela</u>.

	Mikel told Andoni he would have the tickets by 6:00 pm.
CONDITIONAL	Kable bidezko telebista izango banu egun osoa pasako nuke telebistari begira. *If I had cable TV I would be stuck to the television all day long.*
CONSEQUENCE	Gehiago ikasi izan balu lanpostu hobeagoa izango luke. *If he'd studied more he would have a better job.*
PRESENT POTENTIAL	Ordaindu ezkero gela on bat izan dezakezu. *You can have a good room if you pay for it.*
HYPOTHETIC POTENTIAL	Mahai hobeagoa izan genezake baina oso berandu deitu dugu jatetxera. We could have a better table at the restaurant but we have called too late.

NON-FINITE VERB FORMS

Stem	*Izan*
Participle	*Izan*
Verb noun	*Izatea*

TO HEAR – ENTZUN

Tense type	Structure	Example
PRESENT	*Entzuten+* indicative auxiliary verb	Entzuten dut (I hear)
PRESENT PERFECT	*Entzun+* indicative auxiliary verb	Entzun dut (I have heard)
PRESENT IMPERFECT	*Entzun izan+* indicative auxiliary verb	Entzun izan dut (I have heard)
FUTURE TENSE	*Entzungo+* indicative auxiliary verb	Entzungo dut (I will hear)
PAST	*Entzuten+* past auxiliary verb	Entzuten nuen (I used to hear)
PAST PERFECT	*Entzun+* past auxiliary verb	Entzun nuen (I heard)
PAST FUTURE	*Entzungo+* past auxiliary verb	Entzungo nuen (I would hear)
CONDITIONAL	*Entzungo +* conditional auxiliary verb	Entzungo banu (If I heard)
CONSEQUENCE	*Entzungo +* consequence auxiliary verb	Entzungo nuke (I would hear)
PRESENT POTENTIAL	*Entzun +* present potential auxiliary verb	Entzun dezaket (I can hear)
HYPOTHETIC POTENTIAL	*Entzun +* hypothetic auxiliary verb	Entzun nezake (I could hear)

REGIME: NOR-NORK, NOR-NORI

The verb "To Hear" in Basque, "Entzun", can be built under a NOR-NORK regime (To hear something) or a NOR-NORI regime (To hear somebody).

To build the correct auxiliary verb, please go to the mode tables and select the corresponding NOR-NORK or NOR-NORI regime table.

PRESENT	Entzuten al nauzu? *Do you hear me?*
PRESENT PERFECT	Oso iritzi onak entzun ditut hotel honi buruz. *I have heard very good comments about that hotel.*
PRESENT IMPERFECT	Jende asko entzun izan dut produktu berri honi buruz hitz egiten. *I've heard a lot of people talking about this new product.*
FUTURE TENSE	Hobeto entzungo nauzu kasku horiek kentzen badituzu. *You will hear me better if you take off those headphones.*
PAST	Hegazkin asko entzuten nituen hegan egiten hondarribian bizi nintzenean. *I used to hear a lot of planes flying in the sky when I was living in Hondarribia.*
PAST PERFECT	Oso abesti onak entzun genituen kontzertuan gau hartan. *We heard very good songs that night at the concert.*
PAST FUTURE	Gomendatu zidan taldea entzungo nuela zin egin nion. *I promised I*

	would hear that band she recommended me.
CONDITIONAL	Oso pozik jarriko litzake zure ahotsa <u>entzungo balu</u>. *<u>If she heard</u> your voice that would make her very happy.*
CONSEQUENCE	Audiofonoa erabiliko bazenu askoz hobeto <u>entzungo zenuke</u>, aitona. *If you used a hearing aid <u>you would hear</u> much better, grandpa.*
PRESENT POTENTIAL	Txoriak balkoian kantari <u>entzun ditzazket</u>. <u>I can hear</u> the birds singing in the balcony.
HYPOTHETIC POTENTIAL	Paretak ain finak ziren gure ondokoak hizketan <u>entzun genitzakeela</u>. *The walls were so thin <u>we could hear</u> our neighbours talking.*

NON-FINITE VERB FORMS

Stem	*Entzun*
Participle	*Entzun*
Verb noun	*Entzutea*

TO HELP – LAGUNDU

Tense type	Structure	Example
PRESENT	*Laguntzen*+indicative auxiliary verb	Laguntzen dut (I help)
PRESENT PERFECT	*Lagundu*+ indicative auxiliary verb	Lagundu dut (I have helped)
PRESENT IMPERFECT	*Lagundu izan*+ indicative auxiliary verb	Lagundu izan dut (I have helped)
FUTURE TENSE	*Lagunduko*+ indicative auxiliary verb	Lagunduko dut (I will help)
PAST	*Laguntzen*+ past auxiliary verb	Laguntzen nuen (I used to help)
PAST PERFECT	*Lagundu*+ past auxiliary verb	Lagundu nuen (I helped)
PAST FUTURE	*Lagunduko*+ past auxiliary verb	Lagunduko nuen (I would help)
CONDITIONAL	*Lagunduko* + conditional auxiliary verb	Lagunduko banu (If I helped)
CONSEQUENCE	*Lagunduko* + consequence auxiliary verb	Lagunduko nuke (I would help)
PRESENT POTENTIAL	*Lagundu* + present potential auxiliary verb	Lagundu dezaket (I can help)
HYPOTHETIC POTENTIAL	*Lagundu* + hypothetic auxiliary verb	Lagundu nezake (I could help)

REGIME: NOR-NORK, NOR-NORI-NORK

The verb "To Help" in Basque, "Lagundu", can be built under a NOR-NORK regime (To help someone) or a NOR-NORI-NORK regime (To help someone with something).

To build the correct auxiliary verb, please go to the mode tables and select the corresponding NOR-NORK or NOR-NORI-NORK regime table.

PRESENT	Pertsona ona zara, beti <u>laguntzen nauzu</u>. *You're a good person, <u>you</u> always <u>help me</u>.*
PRESENT PERFECT	Harreragileak gure gelak aurkitzen <u>lagundu gaitu</u>. *The receptionist <u>has helped us</u> finding our rooms.*
PRESENT IMPERFECT	Gure herriak beti <u>lagundu izan du</u> munduko gosearen aurka. *Our country <u>has</u> always <u>helped</u> fighting against the world hunger.*
FUTURE TENSE	Bertako enbaxadan <u>lagunduko gaituzte</u>. *<u>They will help us</u> at the local embassy.*
PAST	Gaztea zenean asko <u>laguntzen zuen</u> etxean nire anaiak. *When he was young my brother <u>used to help</u> very much at home.*
PAST PERFECT	Zure aholkuek asko <u>lagundu zidaten</u>, eskerrik asko. *Your advices <u>helped me</u> a lot, thank you.*
PAST FUTURE	Irakasleak esan zigun logaritmoekin <u>lagunduko zigula</u>. *Our teacher told us <u>he would help us</u> with the logarithms.*
CONDITIONAL	Lanarekin <u>lagunduko balizu</u> lehenago amaituko zenuke. *If he helped*

	you with your work you would finish it earlier.
CONSEQUENCE	Galdetuko bazenit <u>lagunduko nizuke</u>. *If you asked me <u>I would help you.</u>*
PRESENT POTENTIAL	<u>Lagundu</u> al <u>zaitzaket</u>? *<u>Can I help you</u>?*
HYPOTHETIC POTENTIAL	Ertzain horrek <u>lagundu liezaiguke</u> zure diru-zorroa aurkitzen. *That police officer <u>could help us</u> find your wallet.*

NON-FINITE VERB FORMS

Stem	*Lagun*
Participle	*Lagundu*
Verb noun	*Laguntzea*

TO HOLD – EUTSI

Tense type	Structure	Example
PRESENT	*Eusten+* indicative auxiliary verb	Eusten dut (I hold)
PRESENT PERFECT	*Eutsi+* indicative auxiliary verb	Eutsi dut (I have held)
PRESENT IMPERFECT	*Eutsi izan+* indicative auxiliary verb	Eutsi izan dut (I have held)
FUTURE TENSE	*Eutsiko+* indicative auxiliary verb	Eutsiko dut (I will hold)
PAST	*Eusten+* past auxiliary verb	Eusten nuen (I used to hold)
PAST PERFECT	*Eutsi+* past auxiliary verb	Eutsi nuen (I held)
PAST FUTURE	*Eutsiko+* past auxiliary verb	Eutsiko nuen (I would hold)
CONDITIONAL	*Eutsiko +* conditional auxiliary verb	Eutsiko banu (If I held)
CONSEQUENCE	*Eutsiko +* consequence auxiliary verb	Eutsiko nuke (I would hold)
PRESENT POTENTIAL	*Eutsi +* present potential auxiliary verb	Eutsi dezaket (I can hold)
HYPOTHETIC POTENTIAL	*Eutsi +* hypothetic auxiliary verb	Eutsi nezake (I could hold)

REGIME: NOR-NORK, NOR-NORI-NORK

The verb "To Hold" in Basque, "Eutsi", can be built under a NOR-NORI-NORK regime (To hold something that belongs to someone) or a NOR-NORK regime (To hold something, without mentioning the owner).

To build the correct auxiliary verb, please go to the mode tables and select the corresponding NOR-NORK or NOR-NORI-NORK regime table.

PRESENT	Amaren poltsak <u>eusten ditut</u> elkarrekin erosketak egitera goazenean. *I hold my mother's bags when w ego shopping together.*
PRESENT PERFECT	Norgehiagokaren irabazleak kopa bere eskuetan <u>eutsi du</u> argazkilarien aurrean. *The winner of the match has held the cup in front of the photographers.*
PRESENT IMPERFECT	Nire gurasoak beti <u>eutsi dituzte</u> eskuak ibiltzen joan izan direnean. *My parents have always hold hands when walking.*
FUTURE TENSE	Krokadura horrek <u>ez du</u> lanpararen pisua <u>eutsiko</u>, oso astuna da. *That hook won't hold the lamp, it's too heavy.*
PAST	Semea besoetan <u>eusten nuen</u> umea zenean. *I used to hold my son in my arms when he was a baby.*
PAST PERFECT	Unaik arnasa <u>eutsi zuen</u>. *Unai held his breath.*
PAST FUTURE	Arkitektuak egiturak eraikuntzaren pisu guztia erraz <u>eutsiko zuela</u>

	esan zuen. *The architect said that the structure <u>would</u> easily <u>hold</u> the whole building's weight.*
CONDITIONAL	Irribarrea momento batez <u>eutsiko bazenute</u> argazkia aterako nuke. *<u>If you held</u> your smile for a momento I would take the photo.*
CONSEQUENCE	Poltsa hau <u>eutsiko zenidake</u>, mesedez? *<u>Would you hold</u> this bag, please?*
PRESENT POTENTIAL	<u>Ezin dezake</u> barrea <u>eutsi</u> berarekin zaudenean. *He can't hold back his laughs when you're around him.*
HYPOTHETIC POTENTIAL	Ain indartsua da 50 kg <u>eutsi litzakeela</u> beso bakoitzarekin. *He is so strong <u>he could hold</u> 50 kg in each arm.*

NON-FINITE VERB FORMS

Stem	*Eutsi*
Participle	*Eutsi*
Verb noun	*Eustea*

TO INCREASE – HANDITU

Tense type	Structure	Example
PRESENT	*Handitzen+* indicative auxiliary verb	Handitzen da (it increases)
PRESENT PERFECT	*Handitu+* indicative auxiliary verb	Handitu da (it has increased)
PRESENT IMPERFECT	*Handitu izan+* indicative auxiliary verb	Handitu izan da (it has increased)
FUTURE TENSE	*Handituko+* indicative auxiliary verb	Handituko da (it will increase)
PAST	*Handitzen+* past auxiliary verb	Handitzen zen (it used to increase)
PAST PERFECT	*Handitu+* past auxiliary verb	Handitu zen (it increased)
PAST FUTURE	*Handituko+* past auxiliary verb	Handituko zen (it would increase)
CONDITIONAL	*Handituko +* conditional auxiliary verb	Handituko balitz (If it increased)
CONSEQUENCE	*Handituko +* consequence auxiliary verb	Handituko litzateke (it would increase)
PRESENT POTENTIAL	*Handitu +* present potential auxiliary verb	Handitu daiteke (it can increase)
HYPOTHETIC POTENTIAL	*Handitu +* hypothetic auxiliary verb	Handitu liteke (it could increase)

REGIME: NOR, NOR-NORK, NOR-NORI-NORK

The verb "To Increase" in Basque, "Handitu", can be built under a NOR regime (To increase) NOR- NORK regime (To increase something) or a NOR-NORI-NORK regime (To increase something that belongs to someone).

Depending on the context "To Increase" can also be translated as "Gehitu", "Areagotu" or "Igo".

To build the correct auxiliary verb, please go to the mode tables and select the corresponding NOR, NOR-NORK or NOR-NORI-NORK regime table.

PRESENT	Itxura on batekin lana aurkitzeko aukerak <u>handitzen dira</u>. A *good look increases your chances of getting a job.*
PRESENT PERFECT	Euri asko egin du eta errekaren ur maila <u>handitu da</u>. *It's been raining very hard and the water level of the river has increased.*
PRESENT IMPERFECT	Kanpora lan egitera doazen ikasle kopurua <u>handitu izan da</u> 90ko hamarkadatik aurrera. *The number of students that leave the country to work outside has increased since the 90's.*
FUTURE TENSE	5 tiket erosita sari nagusia irabazteko ditugun aukerak <u>handituko dira</u>. *Buying 5 tickets will increase our chances of winning the first price.*
PAST	Langabezia-tasa 0.2ko portzentaiarekin <u>handitzen zen</u> aurreko

	gobernuarekin. *The unemployment rate <u>used to increase</u> at a 0.2 rate with the last government.*
PAST PERFECT	Eskaintza berri horrek hotelaren betetze portzentaia <u>handitu zuen</u>. *That new offer <u>increased</u> the occupancy rate at the hotel.*
PAST FUTURE	Museo berriak turista kopurua <u>igoko zuela</u> sinesten zuten. *They believed the new museum <u>would increase</u> the number of tourist.*
CONDITIONAL	Nire diru-sarrerak <u>handituko balira</u> kotxe berria erosiko nuke. *<u>If</u> my incomes <u>increased</u> I would buy a new car.*
CONSEQUENCE	Burusoil horrek ileordea jarriko balu bere auto konfidantza <u>handituko luke</u>. *If that bald man put a wig on his head <u>it would increase</u> his self-confidence.*
PRESENT POTENTIAL	Erretzeak minbizia harrapatzeko aukera <u>handitu dezake</u>. *Smoking <u>can increase</u> your chances of suffering cancer.*
HYPOTHETIC POTENTIAL	Lege berri honek aberats eta pobreen arteko aldea <u>handitu lezake</u>. *This new law <u>could increase</u> the gap between the rich and the poor.*

NON-FINITE VERB FORMS

Stem	*Handi*
Participle	*Handitu*
Verb noun	*Handitzea*

TO INTRODUCE – AURKEZTU

Tense type	Structure	Example
PRESENT	*Aurkezten*+ indicative auxiliary verb	Aurkezten dut (I introduce)
PRESENT PERFECT	*Aurkeztu*+ indicative auxiliary verb	Aurkeztu dut (I have introduced)
PRESENT IMPERFECT	*Aurkeztu izan*+ indicative auxiliary verb	Aurkeztu izan dut (I have introduced)
FUTURE TENSE	*Aurkeztuko*+ indicative auxiliary verb	Aurkeztuko dut (I will introduce)
PAST	*Aurkezten*+ past auxiliary verb	Aurkezten nuen (I used to introduce)
PAST PERFECT	*Aurkeztu*+ past auxiliary verb	Aurkeztu nuen (I introduced)
PAST FUTURE	*Aurkeztuko*+ past auxiliary verb	Aurkeztuko nuen (I would introduce)
CONDITIONAL	*Aurkeztuko* + conditional auxiliary verb	Aurkeztuko banu (If I introduced)
CONSEQUENCE	*Aurkeztuko* + consequence auxiliary verb	Aurkeztuko nuke (I would introduce)
PRESENT POTENTIAL	*Aurkeztu* + present potential auxiliary verb	Aurkeztu dezaket (I can introduce)
HYPOTHETIC POTENTIAL	*Aurkeztu* + hypothetic auxiliary verb	Aurkeztu nezake (I could introduce)

REGIME: NOR, NOR-NORI, NOR-NORK, NOR-NORI-NORK

The verb "To Introduce" in Basque, "Aurkeztu", can be built under a NOR regime (To introduce) NOR- NORK regime (To introduce something or someone), NOR-NORI (To introduce to someone) or a NOR-NORI-NORK regime (To introduce something or someone to someone).

To build the correct auxiliary verb, please go to the mode tables and select the corresponding NOR, NOR-NORK, NOR-NORI or NOR-NORI-NORK regime table.

PRESENT	Froga berri honek aukera berriak <u>aurkezten ditu</u> kasuaren gainean. *This new clue <u>introduces</u> new possibilities into the case.*
PRESENT PERFECT	Oraindik <u>ez</u> al <u>nauzu aurkeztu</u>? *Haven't you introduced me yet?*
PRESENT IMPERFECT	Gobernuak lege berri asko <u>aurkeztu izan ditu</u> azken bost urteotan. *The government <u>has introduced</u> a lot of new laws in the last five years.*
FUTURE TENSE	Nire bikotekide bezala <u>aurkeztuko zaitut</u>. *I will introduce you as my new partner.*
PAST	Aurkezle batek <u>aurkezten zituen</u> umoristak telebista programa honetan, baina orain aldatu egin da. *A host <u>used to introduce</u> the comedians in this TV program, but now it's changed.*
PAST PERFECT	Sartu bezain laster <u>aurkeztu zuen</u> bere burua. *He introduced himself*

	as soon as he came in.
PAST FUTURE	Kazetariek uste zuten atzo gauean Irureta <u>aurkeztuko zutela</u> entrenatzaile berria bezala, but azkenean ez zuten egin. *The press thought <u>they would introduce</u> Irureta as the new coach last night, but finally they didn't.*
CONDITIONAL	Zure familian <u>aurkeztuko baninduzu</u> ziur nago gustatuko nitzaiela. *<u>If you introduced me</u> to your family I'm sure they would like me.*
CONSEQUENCE	Ain lotsatia ez balitz <u>aurkeztuko litzaiguke</u>. *If she wasn't so shy <u>she would introduce herself</u>.*
PRESENT POTENTIAL	Ekuazioa errazagoa egiteko aldagai berri bat <u>aurkeztu dezakegu</u>. *<u>We can introduce</u> a new variable into the equation to make it simpler.*
HYPOTHETIC POTENTIAL	<u>Aurkeztu</u> al <u>zintezke</u>, mesedez? *<u>Could you introduce yourself</u>, please?*

NON-FINITE VERB FORMS

Stem	*Aurkez*
Participle	*Aurkeztu*
Verb noun	*Aurkeztea*

TO INVITE – GONBIDATU

Tense type	Structure	Example
PRESENT	*Gonbidatzen+* indicative auxiliary verb	Gonbidatzen dut (I invite)
PRESENT PERFECT	*Gonbidatu+* indicative auxiliary verb	Gonbidatu dut (I have invited)
PRESENT IMPERFECT	*Gonbidatu izan+* indicative auxiliary verb	Gonbidatu izan dut (I have invited)
FUTURE TENSE	*Gonbidatuko+* indicative auxiliary verb	Gonbidatuko dut (I will invite)
PAST	*Gonbidatzen+* past auxiliary verb	Gonbidatzen nuen (I used to invite)
PAST PERFECT	*Gonbidatu+* past auxiliary verb	Gonbidatu nuen (I invited)
PAST FUTURE	*Gonbidatuko+* past auxiliary verb	Gonbidatuko nuen (I would invite)
CONDITIONAL	*Gonbidatuko +* conditional auxiliary verb	Gonbidatuko banu (If I invited)
CONSEQUENCE	*Gonbidatuko +* consequence auxiliary verb	Gonbidatuko nuke (I would invite)
PRESENT POTENTIAL	*Gonbidatu +* present potential auxiliary verb	Gonbidatu dezaket (I can invite)
HYPOTHETIC POTENTIAL	*Gonbidatu +* hypothetic auxiliary verb	Gonbidatu nezake (I could invite)

REGIME: NOR-NORK, NOR-NORI-NORK

The verb "To Invite" in Basque, "Gonbidatu", can be built under a NOR-NORK regime (To invite someone) or a NOR-NORI-NORK regime (To invite someone to do something).

To build the correct auxiliary verb, please go to the mode tables and select the corresponding NOR-NORK or NOR-NORI regime table.

PRESENT	Iragarki hauek bilbo bisitatzera <u>gonbidatzen gaituzte</u>, joango al gara? *These advertisements <u>invite us</u> to visit Bilbao, should we go?*
PRESENT PERFECT	<u>Gonbidatu</u> al <u>duzu</u>? *<u>Have you invited him</u>?*
PRESENT IMPERFECT	Hotelak beti <u>gonbidatu izan die</u> apopiloei debaldeko postreak hartzera. *The hotel <u>has always invited</u> its guests to free desserts.*
FUTURE TENSE	Izozki bat jatera <u>gonbidatuko zaitut</u>. *<u>I'll invite you</u> to an ice-cream.*
PAST	Museoko zuzendariak bisitariak erakusketa berria ikustera <u>gonbidatu zituen</u>. *The director of the museum <u>invited</u> the visitors to visit the new exposition.*
PAST PERFECT	Zerbitzariak ardo zuri bat edatera <u>gonbidatu gintuen</u>. *The waiter <u>invited us</u> to drink a white wine.*
PAST FUTURE	2 fan backstagera <u>gonbidatuko zituela</u> esan zuen rock izarrak. *The rock star said <u>he would invite</u> 2 fans to the backstage.*

CONDITIONAL	Mari zinera <u>gonbidatuko banu</u> ezetz esango luke. *<u>If I invited</u> Mari to the cinema she would say no.*
CONSEQUENCE	Diru gehiago balu afari eder batera <u>gonbidatuko luke</u>. *If he had more money <u>he would invite her</u> to a wonderful dinner.*
PRESENT POTENTIAL	Gela uztera <u>gonbidatu</u> al <u>diezaiokezu</u>, mesedez? *<u>Can you invite him</u> to leave the room, please?*
HYPOTHETIC POTENTIAL	Naiara eta Iker <u>gonbidatu zenitzake</u> zure ezkontzara. *<u>You could invite</u> Naiara and Iker to your wedding.*

NON-FINITE VERB FORMS

Stem	*Gonbida*
Participle	*Gonbidatu*
Verb noun	*Gonbidatzea*

TO KILL – HIL

Tense type	Structure	Example
PRESENT	*Hiltzen+* indicative auxiliary verb	Hiltzen dut (I kill)
PRESENT PERFECT	*Hil+* indicative auxiliary verb	Hil dut (I have killed)
PRESENT IMPERFECT	*Hil izan+* indicative auxiliary verb	Hil izan dut (I have killed)
FUTURE TENSE	*Hilko+* indicative auxiliary verb	Hilko dut (I will kill)
PAST	*Hiltzen+* past auxiliary verb	Hiltzen nuen (I used to kill)
PAST PERFECT	*Hil+* past auxiliary verb	Hil nuen (I killed)
PAST FUTURE	*Hilko+* past auxiliary verb	Hilko nuen (I would kill)
CONDITIONAL	*Hilko +* conditional auxiliary verb	Hilko banu (If I killed)
CONSEQUENCE	*Hilko +* consequence auxiliary verb	Hilko nuke (I would kill)
PRESENT POTENTIAL	*Hil +* present potential auxiliary verb	Hil dezaket (I can kill)
HYPOTHETIC POTENTIAL	*Hil +* hypothetic auxiliary verb	Hil nezake (I could kill)

REGIME: NOR-NORK

The verb "To Kill" in Basque, "Hil" is built under a NOR-NORK regime (To kill someone or something).

To kill can also be translated as "Akabatu", "Garbitu" or "Erail".

To build the correct auxiliary verb, please go to the mode tables and select the corresponding NOR-NORK regime table.

PRESENT	Elfoek gezi eta magiarekin <u>hiltzen dituzte</u> etsaiak. *Elves kill their enemies with arrows and magic.*
PRESENT PERFECT	Katuak arratoi bat <u>hil du.</u> *The cat has killed a rat.*
PRESENT IMPERFECT	Zenbat dragoi <u>hil ditu</u> barbaroak? *How many dragons <u>has</u> the barbarian <u>killed</u>?*
FUTURE TENSE	Egia esaten ez badiozu <u>hilko zaitu</u>. *If you don't tell him the truth <u>he'll kill you</u>.*
PAST	Ermitau zaharrak bere txabolara urbiltzen ziren txakur guztiak <u>hiltzen zituen</u>. *The old hermit <u>used to kill</u> every dog that got near his cabin.*
PAST PERFECT	Jack destripatzaileak 5 pertsona <u>hil zituen</u>. *Jack the Ripper <u>killed</u> 5 people.*

PAST FUTURE	Poliziarekin hitzegiten bazuen bere semea <u>hilko zuela</u> esan zion. *She told him <u>she would kill</u> his son if he spoke to the police.*
CONDITIONAL	Norbait <u>hilko bazenu</u> non ezkutatuko zenuke gorpua? *<u>If you killed</u> somebody where would you hide the corpse?*
CONSEQUENCE	Anerrek Leireri maite dudala esango balio, Aner <u>hilko nuke</u>. *If Aner told Leire I love her, <u>I would kill him</u>.*
PRESENT POTENTIAL	Hiltzaile on batek bere esku hutsekin <u>hil dezake</u>. *A good assassin <u>can kill</u> with his bare hands.*
HYPOTHETIC POTENTIAL	Eltxo hori <u>akabatu</u> al <u>zenezake</u>, mesedez? *<u>Could you kill</u> that mosquito, please?*

NON-FINITE VERB FORMS

Stem	Hil
Participle	Hil
Verb noun	Hiltzea

TO KISS – MUSU EMAN

Tense type	Structure	Example
PRESENT	*Musu ematen*+ indicative auxiliary verb	Musu ematen dut (I kiss)
PRESENT PERFECT	*Musu eman*+ indicative auxiliary verb	Musu eman dut (I have kissed)
PRESENT IMPERFECT	*Musu eman izan*+ indicative auxiliary verb	Musu eman izan dut (I have kissed)
FUTURE TENSE	*Musu emango*+ indicative auxiliary verb	Musu emango dut (I will kiss)
PAST	*Musu ematen*+ past auxiliary verb	Musu ematen nuen (I used to kiss)
PAST PERFECT	*Musu eman*+ past auxiliary verb	Musu eman nuen (I kissed)
PAST FUTURE	*Musu emango*+ past auxiliary verb	Musu emango nuen (I would kiss)
CONDITIONAL	*Musu emango* + conditional auxiliary verb	Musu emango banu (If I kissed)
CONSEQUENCE	*Musu emango* + consequence auxiliary verb	Musu emango nuke (I would kiss)
PRESENT POTENTIAL	*Musu eman* + present potential auxiliary verb	Musu eman dezaket (I can kiss)
HYPOTHETIC POTENTIAL	*Musu eman* + hypothetic auxiliary verb	Musu eman nezake (I could kiss)

REGIME: NOR-NORK, NOR-NORI-NORK

The verb "To Kiss" in Basque, "Musu eman" can be built under a NOR-NORK regime (To give a kiss) or a NOR-NORI-NORK regime (to kiss somebody).

To build the correct auxiliary verb, please go to the mode tables and select the corresponding NOR-NORK or NOR-NORI-NORK regime table.

PRESENT	Gauero <u>musu ematen didazu</u> lotara joan baino lehen. *You kiss me every night before going to sleep.*
PRESENT PERFECT	Maitale horiek ordu erdiz <u>musu eman diote</u> elkarri. *Those lovers have kissed one another for half an hour.*
PRESENT IMPERFECT	Askotan <u>musu eman izan dugu</u> zure gurasoen aurrean, dagoeneko badakite elkar maite dugula. *We have kissed many times in front of your parents, they already know we love each other.*
FUTURE TENSE	Afal ondoren <u>musu emango diot</u>. *I will kiss her after dinner.*
PAST	Goizero <u>musu ematen nion</u> amari masailean eskolara joan aurretik. *I used to kiss my mother on her cheek before going to school every morning.*
PAST PERFECT	Zubi zaharraren azpian <u>musu eman nion</u>. *I kissed her under the old bridge.*
PAST FUTURE	Gauaren intimitatean <u>musu emango ziola</u> esan zuen. *She said she would kiss him in the intimacy of the night.*

CONDITIONAL	<u>Musu emango balio</u> berataz maiteminduko litzateke. *If he kissed her she would fall in love with him.*
CONSEQUENCE	Neska munstroaren eskuetatik salbatuko balu berak <u>musu emango lioke</u>. *If he saved the girl from the monster <u>she would kiss him</u>.*
PRESENT POTENTIAL	<u>Musu eman</u> al <u>zaitzaket</u>? *<u>Can I kiss you</u>?*
HYPOTHETIC POTENTIAL	Igel bati <u>musu eman al zeniezaioke</u>? *<u>Could you kiss</u> a frog?*

NON-FINITE VERB FORMS

Stem	*Musu eman*
Participle	*Musu eman*
Verb noun	*Musu ematea*

TO KNOW – JAKIN

Tense type	Structure	Example
PRESENT	Synthetic present verb form	Dakit (I know)
PRESENT PERFECT	*Jakin+* indicative auxiliary verb	Jakin dut (I have known)
PRESENT IMPERFECT	*Jakin izan+* indicative auxiliary verb	Jakin izan dut (I have known)
FUTURE TENSE	*Jakingo+* indicative auxiliary verb	Jakingo dut (I will know)
PAST	Synthetic past verb form	Banekien (I used to know, I knew)
PAST FUTURE	*Jakingo+* past auxiliary verb	Jakingo nuen (I would know)
CONDITIONAL	Synthetic conditional verb form	Baneki (If I knew)
CONSEQUENCE	*Jakingo +* consequence auxiliary verb	Jakingo nuke (I would know)
PRESENT POTENTIAL	*Jakin +* present potential auxiliary verb	Jakin dezaket (I can know)
HYPOTHETIC POTENTIAL	*Joan +* hypothetic auxiliary verb	Jakin nezake (I could know)

REGIME: NOR-NORK

The verb "To Know" in Basque, "Jakin", is usually built under a NOR-NORK regime (To know something). It can also be translated as "Ezagutu".

The verb *jakin* is one of the 24 synthetic verbs in Basque so, in the case of this verb, we have to conjugate it with its synthetic form in the present simple, past simple and conditional tenses.

To build the correct auxiliary verb, please go to the mode tables and select the corresponding NOR-NORK regime table.

PRESENT	Badakit erantzuna! *I know the answer!*
PRESENT PERFECT	Jende interesgarri asko ezagutu ditugu asteburu honetan. *We have known a lot of interesting people this weekend.*
PRESENT IMPERFECT	Beti jakin izan dut pintxorik hoberenak donostiako alde zaharrean zeudela. *I have always known that the best tapas were in Old Donosti.*
FUTURE TENSE	Bere irribarre ederrarengatik ezagutuko duzu. *You will know her by her beautiful smile.*
PAST	Banekien zu zinela! *I knew it was you!*
PAST FUTURE	Ziur nengoen pertsonaia honen izena jakingo zenuela. *I was sure you would know the name of this chacacter.*
CONDITIONAL	Coca-colaren sekretua jakingo banu aberatsa izango nintzateke. *If I*

	knew the secret of the Coca-Cola I would be rich.
CONSEQUENCE	Gehiago hitz egingo bagenu hobeto <u>ezagutuko zintuzkedan</u>. _If you spoke more with me <u>I would know you</u> better._
PRESENT POTENTIAL	Oso galdera erraza da, edonork <u>jakin dezake</u> erantzuna. _It's a very easy question, anybody <u>can know</u> the answer._
HYPOTHETIC POTENTIAL	Erantzuna <u>jakin nezake</u> baina pentsatu beharra daukat. _<u>I could know</u> the answer, but I need some time to think about it._

NON-FINITE VERB FORMS

Stem	_Jakin_
Participle	_Jakin_
Verb noun	_Jakitea_

TO LAUGH – BARRE EGIN

Tense type	Structure	Example
PRESENT	*Barre egiten+* indicative auxiliary verb	Barre egiten dut (I laugh)
PRESENT PERFECT	*Barre egin+* indicative auxiliary verb	Barre egin dut (I have laughed)
PRESENT IMPERFECT	*Barre egin izan+* indicative auxiliary verb	Barre egin izan dut (I have laughed)
FUTURE TENSE	*Barre egingo+* indicative auxiliary verb	Barre egingo dut (I will laugh)
PAST	*Barre egiten+* past auxiliary verb	Barre egiten nuen (I used to laugh)
PAST PERFECT	*Barre egin+* past auxiliary verb	Barre egin nuen (I laughed)
PAST FUTURE	*Barre egingo+* past auxiliary verb	Barre egingo nuen (I would laugh)
CONDITIONAL	*Barre egingo +* conditional auxiliary verb	Barre egingo banu (If I laughed)
CONSEQUENCE	*Barre egingo +* consequence auxiliary verb	Barre egingo nuke (I would laugh)
PRESENT POTENTIAL	*Barre egin +* present potential auxiliary verb	Barre egin dezaket (I can laugh)
HYPOTHETIC POTENTIAL	*Barre egin +* hypothetic auxiliary verb	Barre egin nezake (I could laugh)

REGIME: NOR-NORK

The verb "To Laugh" in Basque, "Barre egin" is built under a NOR-NORK regime.

To build the correct auxiliary verb, please go to the mode tables and select the corresponding NOR-NORK regime table.

PRESENT	Beti <u>barre egiten duzu</u> txiste txarrak kontatzen ditudanean. *You always <u>laugh</u> when I make bad jokes.*
PRESENT PERFECT	<u>Barre egin dugu</u> programa hori ikusten. *We have <u>laughed</u> watching that show.*
PRESENT IMPERFECT	Asko <u>barre egin izan dut</u> Enekorekin irtetzen nintzenean. *I have <u>laughed</u> a lot when I was dating Eneko.*
FUTURE TENSE	<u>Barre egingo duzu</u> gertatu zaidana kontatzen dizudanean. *You'll <u>laugh</u> when I tell you what's happened to me.*
PAST	Seinfeld ikusten nuenean telebistan asko <u>barre egiten nuen</u>. *I used to <u>laugh</u> a lot watching Seinfeld on TV.*
PAST PERFECT	Bilauak itzaletan <u>barre egin zuen</u>. *The villain <u>laughed</u> in the shadows.*
PAST FUTURE	Txiste horrekin publikoak <u>barre egingo zuela</u> uste zuen. *He thought the audience <u>would laugh</u> with that joke.*

CONDITIONAL	Gehiago <u>barre egingo bazenu</u> alaiago biziko zinateke. *If you laughed more you would be happier.*
CONSEQUENCE	Komediante hobeagoa balitz jendeak askoz gehiago <u>barre egingo luke.</u> *If he were a better comedian people <u>would laugh</u> much more.*
PRESENT POTENTIAL	<u>Ezin dezake barre egin</u> soinu ergel hori egin gabe. *<u>He can't laugh</u> without making that silly noise.*
HYPOTHETIC POTENTIAL	Txiste on batekin <u>barre egin nezake</u>. *<u>I could laugh</u> with a good joke.*

NON-FINITE VERB FORMS

Stem	*Barre egin*
Participle	*Barre egin*
Verb noun	*Barre egitea*

TO LEARN – IKASI

Tense type	Structure	Example
PRESENT	*Ikasten+* indicative auxiliary verb	Ikasten dut (I learn)
PRESENT PERFECT	*Ikasi+* indicative auxiliary verb	Ikasi dut (I have learned)
PRESENT IMPERFECT	*Ikasi izan+* indicative auxiliary verb	Ikasi izan dut (I have learned)
FUTURE TENSE	*Ikasiko+* indicative auxiliary verb	Ikasiko dut (I will learn)
PAST	*Ikasten+* past auxiliary verb	Ikasten nuen (I used to learn)
PAST PERFECT	*Ikasi+* past auxiliary verb	Ikasi nuen (I learned)
PAST FUTURE	*Ikasiko+* past auxiliary verb	Ikasiko nuen (I would learn)
CONDITIONAL	*Ikasiko +* conditional auxiliary verb	Ikasiko banu (If I learned)
CONSEQUENCE	*Ikasiko +* consequence auxiliary verb	Ikasiko nuke (I would learn)
PRESENT POTENTIAL	*Ikasi +* present potential auxiliary verb	Ikasi dezaket (I can learn)
HYPOTHETIC POTENTIAL	*Ikasi +* hypothetic auxiliary verb	Ikasi nezake (I could learn)

REGIME: NOR-NORK

The verb "To Learn" in Basque, "Ikasi" is built under a NOR-NORK regime.

To build the correct auxiliary verb, please go to the mode tables and select the corresponding NOR-NORK regime table.

PRESENT	Zurekin egunero <u>ikasten dut</u>. *I learn from you every day.*
PRESENT PERFECT	Bost urtetan euskera <u>ikasi du</u>. *He has learned Basque in 5 years.*
PRESENT IMPERFECT	Zerbait <u>ikasi</u> al <u>duzu</u> hemendik? *Have you learned anything from this?*
FUTURE TENSE	Denborarekin <u>ikasiko duzu</u> nola erabiltzen den. *You will learn how to use it with time.*
PAST	Etxean egindako erremedio asko <u>ikasten nituen</u> amarekin bizi nintzenean. *I used to learn a lot of home care remedies when I lived with my mother.*
PAST PERFECT	Non <u>ikasi zenuen</u> hori? *Where did you learn that?*
PAST FUTURE	Gidatzen <u>ikasiko zuela</u> esan zuen baina oraindik ez da hasi. *He said he would learn driving but he hasn't started yet.*
CONDITIONAL	Programatzen <u>ikasiko bazenu</u> bideojokuak egiteko gai izango

	zinateke. *If you learned* programming you would be able to make a videogame.
CONSEQUENCE	Urte bat gurekin igaroko bazenu gure ohiturak <u>ikasiko zenituzke</u>. *If you spent a year with us <u>you would learn</u> our customs.*
PRESENT POTENTIAL	Asko <u>ikasi dezakezu</u> zure aitarekin. *<u>You can learn</u> a lot from your father.*
HYPOTHETIC POTENTIAL	Janaria prestatzen <u>ikasi zenezake</u>, horrela zabor janari gutxiago jango genuke. *<u>You could learn</u> cooking, then we wouldn't eat so much fast food.*

NON-FINITE VERB FORMS

Stem	*Ikas*
Participle	*Ikasi*
Verb noun	*Ikastea*

TO LIE DOWN – ETZAN

Tense type	Structure	Example
PRESENT	*Etzaten+* indicative auxiliary verb	Etzaten naiz (I lie down)
PRESENT PERFECT	*Etzan+* indicative auxiliary verb	Etzan naiz (I have lied down)
PRESENT IMPERFECT	*Etzan izan+* indicative auxiliary verb	Etzan izan naiz (I have lied down)
FUTURE TENSE	*Etzango+* indicative auxiliary verb	Etzango naiz (I will lie down)
PAST	*Etzaten+* past auxiliary verb	Etzaten nintzen (I used to lie down)
PAST PERFECT	*Etzan+* past auxiliary verb	Etzan nintzen (I lied down)
PAST FUTURE	*Etzango+* past auxiliary verb	Etzango nintzen (I would lie down)
CONDITIONAL	*Etzango +* conditional auxiliary verb	Etzango banintz (If I lied down)
CONSEQUENCE	*Etzango +* consequence auxiliary verb	Etzango nintzateke (I would lie down)
PRESENT POTENTIAL	*Etzan +* present potential auxiliary verb	Etzan naiteke (I can lie down)
HYPOTHETIC POTENTIAL	*Etzan +* hypothetic auxiliary verb	Etzan ninteke (I could lie down)

REGIME: NOR

The verb "To Lie down" in Basque, "Etzan" is built under a NOR regime.

To build the correct auxiliary verb, please go to the mode tables and select the corresponding NOR regime table.

PRESENT	Telebista jartzen dut <u>etzaten naizen</u> bakoitzean. *I always turn on the TV when <u>you lie down</u>.*
PRESENT PERFECT	<u>Etzan egin da</u> eta etzaulkia ia apurtu du. *He has lied down and he almost broke the deck chair.*
PRESENT IMPERFECT	Askotan <u>etzan izan naiz</u> ohe honetan etxe hontan bizi nintzenean. *I have lied down many times in this bed when I was living here.*
FUTURE TENSE	Korrika bukatzen duenean <u>etzango da</u> eta atseden artuko du egun osoan. *When he finishes the race <u>he will lie down</u> and rest for the rest of the day.*
PAST	Sofa horretan <u>etzaten nintzen</u> arratsaldero. *I used to lie down in that sofa every afternoon.*
PAST PERFECT	Gaizki sentitzen zenez gelditu eta <u>etzan egin zen</u>. *He was feeling sick so <u>he stopped</u> and <u>lied down</u>.*
PAST FUTURE	Banekien nekatuta sentitzean <u>etzango zinela</u> baina oraindik oso goiz da. *I knew <u>you would lie down</u> when you felt tired but it's still too*

	early.
CONDITIONAL	Ohe hori ain erosoa da, <u>etzan egingo bazina</u> ez zenukeela inoiz altxatu nahi izango. *That bed is so comfortable that <u>if you lied down</u> on it you would want to get up.*
CONSEQUENCE	Ain nekatua bazeunde <u>etzan egingo zinateke</u>. *If you were that tired <u>you would lie down</u>.*
PRESENT POTENTIAL	Iltze ohe horretan <u>etzan</u> al <u>zaitezke</u>? *<u>Can you lie down</u> on that bed of nails?*
HYPOTHETIC POTENTIAL	Lokatz putzu horretan <u>etzan al zintezke</u> niregatik? *<u>Could you lie down</u> in that mud puddle for me?*

NON-FINITE VERB FORMS

Stem	*Etzan*
Participle	*Etzan*
Verb noun	*Etzatea*

TO LIKE – ATSEGIN

Tense type	Structure	Example
PRESENT	*Atsegin+* indicative auxiliary verb	Atsegin dut (I like)
PRESENT IMPERFECT	*Atsegin izan+* indicative auxiliary verb	Atsegin izan dut (I have liked)
FUTURE TENSE	*Atsegin izango+* indicative auxiliary verb	Atsegin izango dut (I will like)
PAST	*Atsegin+* past auxiliary verb	Atsegin nuen (I used to like)
PAST PERFECT	*Atsegin izan+* past auxiliary verb	Atsegin izan nuen (I liked)
PAST FUTURE	*Atsegin izango+* past auxiliary verb	Atsegin izango nuen (I would like)
CONDITIONAL	*Atsegin izango +* conditional auxiliary verb	Atsegin izango banu (If I liked)
CONSEQUENCE	*Atsegin izango +* consequence auxiliary verb	Atsegin izango nuke (I would like)
PRESENT POTENTIAL	*Atsegin +* present potential auxiliary verb	Atsegin dezaket (I can like)
HYPOTHETIC POTENTIAL	*Atsegin +* hypothetic auxiliary verb	Atsegin nezake (I could like)

REGIME: NOR-NORK

The verb "To Like" in Basque, "Atsegin" is built under a NOR-NORK regime (to like someone or something). "To Like" can also be translated as "Gogoko Izan", "Gustuko Izan" or "Maite".

To build the correct auxiliary verb, please go to the mode tables and select the corresponding NOR-NORK regime table.

PRESENT	<u>Atsegin duzu</u>? *<u>Do you like it</u>?*
PRESENT IMPERFECT	Beti <u>atsegin izan dut</u> mendira joatea. *<u>I have</u> always <u>liked</u> going to the mountain.*
FUTURE TENSE	<u>Atsegin izango duzu</u> azukre pixkat jartzen baldin badut? *<u>Will you like</u> it if I put some sugar on it?*
PAST	Misteriozko liburuak irakurtzea <u>atsegin nuen</u> baina orain aspertu egiten naute. *<u>I used to like</u> reading mystery books but now they bore me.*
PAST PERFECT	Jendeak <u>atsegin izan zuen</u> filme hori, sarrera asko saldu zituen. *People <u>liked</u> that movie, it made great box-office sales.*
PAST FUTURE	Banekien plana <u>atsegin izango</u> zenuela. *I knew <u>you would like</u> the plan.*
CONDITIONAL	Jendeak bere abestiak <u>atsegin izango balitu</u> diska gehiago salduko lituzke. *<u>If</u> people <u>liked</u> his songs he would sell more albums.*
CONSEQUENCE	Gehiago <u>atsegin izango nuke</u> zure txakurra hainbeste zaunka egingo

123

	ez balu. *If your dog didn't bark so loud I would like it more.*
PRESENT POTENTIAL	Hamburgesa bat <u>atsegin dezaket</u>, baina txuleta bezalakorik ez da. *I can like a good burger, but there's nothing like lamb chops.*
HYPOTHETIC POTENTIAL	Zure ile berria <u>atsegin nezake</u>, baina denbora behar dut zure look berria barneratzeko. *I could like your new haircut, I just need some time to assimilate your new look.*

NON-FINITE VERB FORMS

Stem	*Atsegin*
Participle	*Atsegin*
Verb noun	*Atsegin izatea*

TO LISTEN – ENTZUN

Tense type	Structure	Example
PRESENT	*Entzuten*+ indicative auxiliary verb	Entzuten dut (I listen)
PRESENT PERFECT	*Entzun*+ indicative auxiliary verb	Entzun dut (I have listened)
PRESENT IMPERFECT	*Entzun izan*+ indicative auxiliary verb	Entzun izan dut (I have listened)
FUTURE TENSE	*Entzungo*+ indicative auxiliary verb	Entzungo dut (I will listen)
PAST	*Entzuten*+ past auxiliary verb	Entzuten nuen (I used to listen)
PAST PERFECT	*Entzun*+ past auxiliary verb	Entzun nuen (I listened)
PAST FUTURE	*Entzungo*+ past auxiliary verb	Entzungo nuen (I would listen)
CONDITIONAL	*Entzungo* + conditional auxiliary verb	Entzungo banu (If I listened)
CONSEQUENCE	*Entzungo* + consequence auxiliary verb	Entzungo nuke (I would listen)
PRESENT POTENTIAL	*Entzun* + present potential auxiliary verb	Entzun dezaket (I can listen)
HYPOTHETIC POTENTIAL	*Entzun* + hypothetic auxiliary verb	Entzun nezake (I could listen)

REGIME: NOR-NORK, NOR-NORI-NORK

The verb "To Listen" in Basque, "Entzun", can be built under a NOR-NORI-NORK regime (To listen to somebody) or a NOR-NORK regime (To listen).

To build the correct auxiliary verb, please go to the mode tables and select the corresponding NOR-NORK or NOR-NORI-NORK regime table.

PRESENT	Musika entzuten duzu alai zaudenean. *You always listen to music when you're happy.*
PRESENT PERFECT	Zure ahotsa entzun du eta pozik jarri da. *He's listened her voice and it's made him happy.*
PRESENT IMPERFECT	Beti entzun izan ditut zure aholkuak. *I've always listened to all your advices.*
FUTURE TENSE	Epaiak lekuko guztiei entzungo die bere epaia eman baino lehen. *The judge will listen to all the witnesses' before giving his veredict.*
PAST	Oso musika ona entzuten genuen taberna horretara joaten ginenean. *We used to listen to very good music when we went to that bar.*
PAST PERFECT	Bere hitzak entzun zituen eta erabaki bat hartu zuen. *She listened to his words and made a decision.*
PAST FUTURE	Nere eskaintza entzungo zuela esan zuen baina azkenean beste

	bateri saldu zion etxea. *He said he would listen to my offer but he sold the house to another one in the end.*
CONDITIONAL	Nire aholkuak <u>entzungo bazenitu</u> zure denbora donostian ondo aprobetxatuko zenuke. *If you listened to my advices you would make the most of your time in Donostia.*
CONSEQUENCE	Hain buru bero ez bazina gehiago <u>entzungo nizuke</u>. *If you weren't so hot-headed I would listen more to you.*
PRESENT POTENTIAL	Nire hitzak <u>entzun ditzakezu</u>, mesedez? *Can you listen to my words, please?*
HYPOTHETIC POTENTIAL	Momentu batez <u>entzun nazakezu</u>? *Could you listen to me for a moment?*

NON-FINITE VERB FORMS

Stem	*Entzun*
Participle	*Entzun*
Verb noun	*Entzutea*

TO LIVE – BIZI

Tense type	Structure	Example
PRESENT	*Bizi+* indicative auxiliary verb	Bizi naiz (I live)
PRESENT IMPERFECT	*Bizi izan+* indicative auxiliary verb	Bizi izan naiz (I have lived)
FUTURE TENSE	*Biziko+* indicative auxiliary verb	Biziko naiz (I will live)
PAST	*Bizi+* past auxiliary verb	Bizi nintzen (I lived)
PAST FUTURE	*Biziko+* past auxiliary verb	Biziko nintzen (I would live)
CONDITIONAL	*Biziko +* conditional auxiliary verb	Biziko banintz (If I lived)
CONSEQUENCE	*Biziko +* consequence auxiliary verb	Biziko nintzateke (I would live)
PRESENT POTENTIAL	*Bizi +* present potential auxiliary verb	Bizi naiteke (I can live)
HYPOTHETIC POTENTIAL	*Bizi +* hypothetic auxiliary verb	Bizi ninteke (I could live)

REGIME: NOR

The verb "To Live" in Basque, "Bizi" is built under a NOR regime.

To build the correct auxiliary verb, please go to the mode tables and select the corresponding NOR regime table.

PRESENT	Irunen <u>bizi naiz</u>. *I live in Irun.*
PRESENT IMPERFECT	Bilbon <u>bizi izan</u> al <u>zara</u> nozbait? *Have you ever lived in Bilbao?*
FUTURE TENSE	Aberatsa denean mantsio batean <u>bizko da</u>. *When he's rich he will live in a mansion.*
PAST	Oso pozik <u>bizi nintzen</u> institutuan nengoenean. *I lived very happy when I was at high school.*
PAST FUTURE	Bahamaseko bungalow batean <u>biziko zirela</u> zin egin zuen. *She promised they would live in a bungalow in Bahamas.*
CONDITIONAL	Berriro <u>biziko bazina</u> gauza bera egingo al zenituzke? *If I lived your life again would you do the same?*
CONSEQUENCE	Astronauta bazina espazio untzi batean <u>biziko zinateke</u>. *If you were an astronaut you would live in a space station.*
PRESENT POTENTIAL	Txokolaterik gabe <u>bizi zaitezke</u>? *Can you live without chocolate?*

HYPOTHETIC POTENTIAL	Horrelako etxe zaharrean <u>bizi</u> al <u>zintezke</u>? *Could you live* in such an *old house?*

NON-FINITE VERB FORMS

Stem	*Bizi*
Participle	*Bizi*
Verb noun	*Bizitzea*

TO LOSE – GALDU

Tense type	Structure	Example
PRESENT	*Galtzen*+indicative auxiliary verb	Galtzen dut (I lose)
PRESENT PERFECT	*Galdu*+ indicative auxiliary verb	Galdu dut (I have lost)
PRESENT IMPERFECT	*Galdu izan*+ indicative auxiliary verb	Galdu izan dut (I have lost)
FUTURE TENSE	*Galduko*+ indicative auxiliary verb	Galduko dut (I will lose)
PAST	*Galtzen*+ past auxiliary verb	Galtzen nuen (I used to lose)
PAST PERFECT	*Galdu*+ past auxiliary verb	Galdu nuen (I lost)
PAST FUTURE	*Galduko*+ past auxiliary verb	Galduko nuen (I would lose)
CONDITIONAL	*Galduko* + conditional auxiliary verb	Galduko banu (If I lost)
CONSEQUENCE	*Galduko* + consequence auxiliary verb	Galduko nuke (I would lose)
PRESENT POTENTIAL	*Galdu* + present potential auxiliary verb	Galdu dezaket (I can lose)
HYPOTHETIC POTENTIAL	*Galdu* + hypothetic auxiliary verb	Galdu nezake (I could lose)

REGIME: NOR-NORK, NOR-NORI, NOR-NORI-NORK

The verb "To Lose" in Basque, "Galdu", can be built under a NOR-NORK regime (To lose something), a NOR-NORI regime (To lose someone) or a NOR-NORI-NORK regime (To lose something that belongs to someone).

To build the correct auxiliary verb, please go to the mode tables and select the corresponding NOR-NORK, NOR-NORI or NOR-NORI-NORK regime table.

PRESENT	Zure aurka jokatzen dudanean beti <u>galtzen dut</u>. *I always lose when I play against you.*
PRESENT PERFECT	Giltzak <u>galdu ditu</u>. *He has lost his keys.*
PRESENT IMPERFECT	Lagun asko <u>galdu izan ditut</u> nire bizitzan zehar. *I have lost a lot of friends through my life.*
FUTURE TENSE	Aulkia <u>galduko duzu</u> komunera baldin bazoaz. *You will lose your seat if you go to the toilet.*
PAST	Kobertura <u>galtzen zuen</u> mendira joaten zenean. *He used to lose broadband coverage when he went to the mountain.*
PAST PERFECT	Ez zintudala maite esan nizunean <u>galdu zintudan</u>. *I lost you when I said I didn't love you.*

129

PAST FUTURE	Espainiatik kanpo bizitzera joaten baginen gure osasun segurantza <u>galduko genuela</u> esan zigun. *He told us that if you went to live outside Spain <u>we would lose</u> your health insurance.*
CONDITIONAL	Trena <u>galduko banu</u> hegazkinez joango nintzateke. *<u>If I lost</u> the train I would go by plane.*
CONSEQUENCE	Nire akzioen prezioa jaitsiko balitz, diru asko <u>galduko nuke</u>. *If my shares of stock lower their value <u>I would lose</u> a lot of money.*
PRESENT POTENTIAL	Txanpu hori erabiltzen jarraitzen baduzu ilea <u>galdu dezakezu</u>. *<u>You can lose your</u> hair if you keep using that shampoo.*
HYPOTHETIC POTENTIAL	Diru-zorroa <u>galdu zenezake</u> ondo gordetzen ez baduzu. *If you don't keep it safe <u>you could lose</u> your wallet.*

NON-FINITE VERB FORMS

Stem	Gal
Participle	Galdu
Verb noun	Galtzea

TO LOVE – MAITE

Tense type	Structure	Example
PRESENT	*Maite*+ indicative auxiliary verb	Maite dut (I love)
PRESENT IMPERFECT	*Maite izan*+ indicative auxiliary verb	Maite izan dut (I have loved)
FUTURE TENSE	*Maiteko*+ indicative auxiliary verb	Maiteko dut (I will love)
PAST	*Maite*+ past auxiliary verb	Maite nuen (I loved)
PAST FUTURE	*Maiteko*+ past auxiliary verb	Maiteko nuen (I would love)
CONDITIONAL	*Maite izango* + conditional auxiliary verb	Maite izango banu (If I loved)
CONSEQUENCE	*Maite izango* + consequence auxiliary verb	Maite izango nuke (I would love)
PRESENT POTENTIAL	*Maite* + present potential auxiliary verb	Maite dezaket (I can love)
HYPOTHETIC POTENTIAL	*Maite* + hypothetic auxiliary verb	Maite nezake (I could love)

REGIME: NOR-NORK

The verb "To Love" in Basque, "Maite" is built under a NOR-NORK regime. "To Love" can also be translated as "Maitatu".

To build the correct auxiliary verb, please go to the mode tables and select the corresponding NOR-NORK regime table.

PRESENT	Susik arbendol gailetak <u>maite ditu</u>. *Susi <u>loves</u> almond cookies.*
PRESENT IMPERFECT	Oso emakume gutxi <u>maite izan ditu</u> bere bizitzan zehar. *<u>He has</u> <u>loved</u> very few women in his life.*
FUTURE TENSE	Beti <u>maiteko zaitut</u>. *<u>I will love you</u> forever.*
PAST	Benetan <u>maite nuen</u> atzo zeneraman kamiseta. *I really <u>loved</u> that red shirt you wore yesterday.*
PAST FUTURE	Ume hori Berea balitz bezala <u>maiteko zuela</u> zin egin zuen. *He promised <u>he would love</u> that child as if he was his own.*
CONDITIONAL	Fruta <u>maite izango balu</u> sagar gehiago jango lituzke. *<u>If she loved</u> fruit she would eat more apples.*
CONSEQUENCE	Atseginagoa bazina gehiago <u>maiteko zintuzke</u>. *If you were nicer <u>he</u> <u>would love</u> you more.*
PRESENT POTENTIAL	Pasio handiarekin <u>maitatu dezake</u> Maitek. *Maite <u>can love</u> in a very passionate way.*

HYPOTHETIC POTENTIAL	<u>Maite nindukezu</u> naiz eta zuri gezurra esan? *Could you love me even if I lied to you?*

NON-FINITE VERB FORMS

Stem	*Maite*
Participle	*Maite*
Verb noun	*Maitatzea*

TO MEET – AURKITU

Tense type	Structure	Example
PRESENT	*Aurkitzen+* indicative auxiliary verb	Aurkitzen naiz (I meet)
PRESENT PERFECT	*Aurkitu+* indicative auxiliary verb	Aurkitu naiz (I have met)
PRESENT IMPERFECT	*Aurkitu izan+* indicative auxiliary verb	Aurkitu izan naiz (I have met)
FUTURE TENSE	*Aurkituko+* indicative auxiliary verb	Aurkituko naiz (I will meet)
PAST	*Aurkitzen+* past auxiliary verb	Aurkitzen nintzen (I used to meet)
PAST PERFECT	*Aurkitu+* past auxiliary verb	Aurkitu nintzen (I met)
PAST FUTURE	*Aurkituko+* past auxiliary verb	Aurkituko nintzen (I would meet)
CONDITIONAL	*Aurkituko +* conditional auxiliary verb	Aurkituko banintz (If I met)
CONSEQUENCE	*Aurkituko +* consequence auxiliary verb	Aurkituko nintzateke (I would meet)
PRESENT POTENTIAL	*Aurkitu +* present potential auxiliary verb	Aurkitu naiteke (I can meet)
HYPOTHETIC POTENTIAL	*Aurkitu +* hypothetic auxiliary verb	Aurkitu ninteke (I could meet)

REGIME: NOR, NOR-NORK

The verb "To Meet" in Basque, "Aurkitu", can be built under a NOR (To meet one another) or a NOR-NORK regime (To meet somebody). "To Meet" can also be translated as "Elkartu".

To build the correct auxiliary verb, please go to the mode tables and select the corresponding NOR or NOR-NORK regime table.

PRESENT	Egunero jende interesgarria <u>aurkitzen dut</u>. *I meet interesting people every day.*
PRESENT PERFECT	Ane bere gurasoekin <u>aurkitu da</u> zinean. *Ane <u>has met</u> her parents at the cinema.*
PRESENT IMPERFECT	Nekazari maitagarriekin <u>aurkitu izan gara</u> artxandan egon garen bakoitzean. *<u>We've met</u> very lovely farmers every time we've been in Artxanda.*
FUTURE TENSE	Sarreran <u>aurkituko gara</u>. *<u>We'll meet</u> at the hall.*
PAST	Antzaraneko enparantzan <u>aurkitzen ginen</u> lagunekin. *<u>We used to meet</u> with our friends at the Anzaran Plaza.*
PAST PERFECT	Liburutegian <u>aurkitu nintzen</u> berarekin. *<u>I met</u> her in the library.*
PAST FUTURE	Erikek hotelean <u>aurkituko ginela</u> esan zuen. *Erik said <u>we would meet</u> at the hotel.*

CONDITIONAL	Berri Txarraken kontzertuan <u>aurkituko bagina</u> ez nuke sinistuko...ez zaizu rock kañeroa gustatzen ta<u>! *If we met* at the Berri Txarrak's *concert I wouldn't believe it...you don't like hard rock music!*
CONSEQUENCE	Festara joango bazina Perurekin aurkituko zinateke. *If you went to the party you would meet Peru.*
PRESENT POTENTIAL	Bihar <u>elkartu</u> al <u>gaitezke</u>? *Can we meet tomorrow?*
HYPOTHETIC POTENTIAL	Kafetegian <u>aurkitu gintezke</u>? *Could we meet at the cafeteria?*

NON-FINITE VERB FORMS

Stem	*Aurki*
Participle	*Aurkitu*
Verb noun	*Aurkitzea*

TO NEED – BEHAR

Tense type	Structure	Example
PRESENT	*Behar+* indicative auxiliary verb	Behar dut (I need)
PRESENT IMPERFECT	*Behar izan+* indicative auxiliary verb	Behar izan dut (I have needed)
FUTURE TENSE	*Beharko+* indicative auxiliary verb	Beharko dut (I will need)
PAST PERFECT	*Behar+* past auxiliary verb	Behar nuen (I needed)
PAST FUTURE	*Beharko+* past auxiliary verb	Beharko nuen (I would need)
CONDITIONAL	*Beharko +* conditional auxiliary verb	Beharko banu (If I needed)
CONSEQUENCE	*Beharko +* consequence auxiliary verb	Beharko nuke (I would need)
PRESENT POTENTIAL	*Behar +* present potential auxiliary verb	Behar dezaket (I can need)
HYPOTHETIC POTENTIAL	*Behar +* hypothetic auxiliary verb	Behar nezake (I could need)

REGIME: NOR-NORK

The verb "To Need" in Basque, "Behar" is built under a NOR-NORK regime.

To build the correct auxiliary verb, please go to the mode tables and select the corresponding NOR-NORK regime table.

PRESENT	Zerbait <u>behar</u> al <u>duzu</u>? *<u>Do you need</u> anything?*
PRESENT IMPERFECT	10 minutu <u>behar izan ditut</u> asmakizuna ebazteko. *<u>I've needed</u> 10 minutes to solve the puzzle.*
FUTURE TENSE	Bi pertsona <u>beharko ditugu</u> kotxea mugitzeko. *<u>We will need</u> two people to move the car.*
PAST PERFECT	3 euro <u>behar zituen</u> esne botila bat erosteko. *<u>He needed</u> 3 euros to buy a bottle of milk.*
PAST FUTURE	Bainu jantzi bat <u>beharko nuela</u> esan zidan hondartzara joateko. *He told me <u>I would need</u> a swimsuit to go to the beach.*
CONDITIONAL	<u>Behar bazintut</u> non aurkitu zaintzaket? *<u>If I needed you</u> where could I find you?*
CONSEQUENCE	Askoz diru gehiago <u>beharko luke</u> japoniara joateko. *<u>He would need</u> much more money to go to Japan.*
PRESENT POTENTIAL	Nola <u>behar dezakezu</u> labaina eta sardexka sandwich hori jateko? Erabili eskuak! *How <u>can you need</u> a fork and a knife to eat that*

	sandwich? Use your hands!
HYPOTHETIC POTENTIAL	Diru extra <u>behar nezake</u>, beraz, kreditu-txartela hartuko dut nirekin. <u>*I could need*</u> *extra money, so I'll take the credit card with me.*

NON-FINITE VERB FORMS

Stem	*Behar*
Participle	*Behar*
Verb noun	*Behar izatea*

TO NOTICE – KONTURATU

Tense type	Structure	Example
PRESENT	*Konturatzen*+indicative auxiliary verb	Konturatzen naiz (I notice)
PRESENT PERFECT	*Konturatu*+ indicative auxiliary verb	Konturatu naiz (I have noticed)
PRESENT IMPERFECT	*Konturatu izan*+ indicative auxiliary verb	Konturatu izan naiz (I have noticed)
FUTURE TENSE	*Konturatuko*+ indicative auxiliary verb	Konturatuko naiz (I will notice)
PAST	*Konturatzen*+ past auxiliary verb	Konturatzen nintzen (I used to notice)
PAST PERFECT	*Konturatu*+ past auxiliary verb	Konturatu nintzen (I noticed)
PAST FUTURE	*Konturatuko*+ past auxiliary verb	Konturatuko nintzen (I would notice)
CONDITIONAL	*Konturatuko* + conditional auxiliary verb	Konturatuko banintz (If I noticed)
CONSEQUENCE	*Konturatuko* + consequence auxiliary verb	Konturatuko nintzateke (I would notice)
PRESENT POTENTIAL	*Konturatu* + present potential auxiliary verb	*Konturatu* naiteke (I can notice)
HYPOTHETIC POTENTIAL	*Konturatu* + hypothetic auxiliary verb	*Konturatu* ninteke (I could notice)

REGIME: NOR

The verb "To Notice" in Basque, "Konturatu" is built under a NOR regime (To notice).

To build the correct auxiliary verb, please go to the mode tables and select the corresponding NOR regime table.

PRESENT	Konturatzen al zara? *Do you notice?*
PRESENT PERFECT	Gaur belarritako berriak daramatzazula konturatu naiz. *I've noticed you're wearing new earrings today.*
PRESENT IMPERFECT	Denborarekin konturatu izan da inoiz ez dela idazle ona izango. *With the time, she has noticed that she'll never be a good writer.*
FUTURE TENSE	Takoi zaratatsu horiei esker ematen dituzun pauso guztietaz konturatuko naiz. *I'll notice every step you take thanks to those noisy heels.*
PAST	Zuhaitzen hostoak begiratuta konturatzen zen noiz zetorren udazkena. *He used to notice when the autumn was coming looking at the leaves of the trees.*
PAST PERFECT	Zerbait arraroa gertatzen ari zela konturatu ziren. *They noticed something strange was happening.*
PAST FUTURE	Bazekien atzo zer ordutan iritsi zela konturatuko zela. *He knew she*

	would notice at what time he arrived home yesterday.
CONDITIONAL	Iruzurra zela <u>konturatuko bagina</u> ez genuke erosiko. *If we noticed it's a fraud we wouldn't buy it.*
CONSEQUENCE	Nirekin haserre bazunde <u>konturatuko nintzateke</u>. *If you were mad at me I would notice.*
PRESENT POTENTIAL	Interneten egiten duzun guztiaz <u>konturatu daitezke</u>. *They can notice every move you make on the internet.*
HYPOTHETIC POTENTIAL	Esaten ez badizut, Hawaiien egon naizela <u>konturatu</u> al <u>zintezke</u>? *Could you notice I've been in Hawaii if I didn't tell you?*

NON-FINITE VERB FORMS

Stem	*Kontura*
Participle	*Konturatu*
Verb noun	*Konturatzea*

TO OPEN – IREKI

Tense type	Structure	Example
PRESENT	*Irekitzen*+ indicative auxiliary verb	Irekitzen dut (I open)
PRESENT PERFECT	*Ireki*+ indicative auxiliary verb	Ireki dut (I have opened)
PRESENT IMPERFECT	*Ireki izan*+ indicative auxiliary verb	Ireki izan dut (I have opened)
FUTURE TENSE	*Irekiko*+ indicative auxiliary verb	Irekiko dut (I will open)
PAST	*Irekitzen*+ past auxiliary verb	Irekitzen nuen (I used to open)
PAST PERFECT	*Ireki*+ past auxiliary verb	Ireki nuen (I opened)
PAST FUTURE	*Irekiko*+ past auxiliary verb	Irekiko nuen (I would open)
CONDITIONAL	*Irekiko* + conditional auxiliary verb	Irekiko banu (If I opened)
CONSEQUENCE	*Irekiko* + consequence auxiliary verb	Irekiko nuke (I would open)
PRESENT POTENTIAL	*Ireki* + present potential auxiliary verb	Ireki dezaket (I can open)
HYPOTHETIC POTENTIAL	*Ireki* + hypothetic auxiliary verb	Ireki nezake (I could open)

REGIME: NOR-NORK, NOR-NORI-NORK

The verb "To Open" in Basque, "Ireki", can be built under a NOR-NORI-NORK regime (To open something for somebody) or a NOR-NORK regime (To open).

To build the correct auxiliary verb, please go to the mode tables and select the corresponding NOR-NORK or NOR-NORI-NORK regime table.

PRESENT	Intxaurrak kraskagailu batekin <u>irekitzen ditu</u> beti. *He always <u>opens</u> the walnuts with a nutcracker.*
PRESENT PERFECT	Ahoa <u>ireki duzu</u> eta euli bat sartu zaizu barruan. *<u>You've opened</u> your mouth and a fly has gotten into it.*
PRESENT IMPERFECT	Gaboneko opariak beti <u>ireki izan ditugu</u> goizeko 5tan. *<u>We've</u> always <u>opened</u> our Christmas presents at 5:00 in the morning.*
FUTURE TENSE	Burger King berri bat <u>irekiko dute</u> donostian datorren hilean. *<u>They'll open</u> a new Burger King in Donostia next month.*
PAST	Alkateak parkeak apirilan <u>irekitzen zituen</u>. *The mayor <u>used to open</u> the parks on April.*
PAST PERFECT	Duela aste bat <u>ireki zuen</u> denda. *<u>He opened</u> his shop one week ago.*
PAST FUTURE	Denek zekiten artikulu oso preziatu batekin <u>irekiko zutela</u> enkantea. *Everybody knew <u>they would open</u> the auction with a very precious*

	item.
CONDITIONAL	Zure pentsakera <u>irekitzen baduzu</u> beste modu batera ikusiko duzu. *<u>If you open</u> your mind you'll see it in a different way.*
CONSEQUENCE	Bero gehiago egingo balu Udalaitzek ate eta lehio guztiak <u>irekiko lituzke</u>. *If it was warmer Udalaitz <u>would open</u> all the doors and windows.*
PRESENT POTENTIAL	Lehioa <u>ireki dezakezu</u>? *<u>Can you open</u> the window?*
HYPOTHETIC POTENTIAL	Sardina-lata hau <u>ireki zeniezaidake</u>, mesedez? *<u>Could you open</u> this herring can for me, please?*

NON-FINITE VERB FORMS

Stem	*Ireki*
Participle	*Ireki*
Verb noun	*Irekitzea*

TO PLAY – JOLASTU

Tense type	Structure	Example
PRESENT	*Jolasten*+ indicative auxiliary verb	Jolasten dut (I play)
PRESENT PERFECT	*Jolastu*+ indicative auxiliary verb	Jolastu dut (I have played)
PRESENT IMPERFECT	*Jolastu izan*+ indicative auxiliary verb	Jolastu izan dut (I have played)
FUTURE TENSE	*Jolastuko*+ indicative auxiliary verb	Jolastuko dut (I will play)
PAST	*Jolasten*+ past auxiliary verb	Jolasten nuen (I used to play)
PAST PERFECT	*Jolastu*+ past auxiliary verb	Jolastu nuen (I played)
PAST FUTURE	*Jolastuko*+ past auxiliary verb	Jolastuko nuen (I would play)
CONDITIONAL	*Jolastuko* + conditional auxiliary verb	Jolastuko banu (If I played)
CONSEQUENCE	*Jolastuko* + consequence auxiliary verb	Jolastuko nuke (I would play)
PRESENT POTENTIAL	*Jolastu* + present potential auxiliary verb	Jolastu dezaket (I can play)
HYPOTHETIC POTENTIAL	*Jolastu* + hypothetic auxiliary verb	Jolastu nezake (I could play)

REGIME: NOR, NOR-NORK

The verb "To Play" in Basque, "Jolastu", can be built under a NOR regime (To play) or a NOR-NORK regime (To play something).

To build the correct auxiliary verb, please go to the mode tables and select the corresponding NOR or NOR-NORK regime table.

PRESENT	Saskibaloia <u>jolasten du</u> astelehenetan Amaiarekin. *He plays basketball with Amaia on Mondays.*
PRESENT PERFECT	Garbi jolastu duzu gaur. <u>*You have played*</u> fairly today.
PRESENT IMPERFECT	Askotan <u>jolastu izan naiz</u> futbolera Asierrekin. *<u>I've played</u> many times football with Asier.*
FUTURE TENSE	Taldeak gaur 8tan <u>jolastuko du</u>. The team <u>will play</u> tonight at 8.
PAST	Beisbolera <u>jolasten nuen</u> parke horretan 10 urte nituenean. *<u>I used to play</u> baseball in that park when I was 10.*
PAST PERFECT	Aramburuk oso partidu ona <u>jolastu zuen</u> atzo. *Aramburu <u>played</u> a very good game yesterday.*
PAST FUTURE	Elkarrekin <u>jolastuko genuela</u> esan ziguten baina azkenean inor ez zen agertu. *They told us <u>we would play</u> together but finally nobody appeared.*

CONDITIONAL	Eta xakera jolastuko bagina? *What if we played some chess?*
CONSEQUENCE	Denbora gehiago banu Mariora jolastuko nintzateke egun osoan. *If I had more time I would play Mario all day long.*
PRESENT POTENTIAL	Rugbyra jolastu dezaket zuekin? *Can I play rugby with you?*
HYPOTHETIC POTENTIAL	Dametara jolastu gintezke aspertuta baldin bagaude. *We could play checkers if we're bored.*

NON-FINITE VERB FORMS

Stem	*Jolas*
Participle	*Jolastu*
Verb noun	*Jolastea*

TO PUT – JARRI

Tense type	Structure	Example
PRESENT	*Jartzen*+indicative auxiliary verb	Jartzen dut (I put)
PRESENT PERFECT	*Jarri*+ indicative auxiliary verb	Jarri dut (I have put)
PRESENT IMPERFECT	*Jarri izan*+ indicative auxiliary verb	Jarri izan dut (I have put)
FUTURE TENSE	*Jarriko*+ indicative auxiliary verb	Jarriko dut (I will put)
PAST	*Jartzen*+ past auxiliary verb	Jartzen nuen (I used to put)
PAST PERFECT	*Jarri*+ past auxiliary verb	Jarri nuen (I put)
PAST FUTURE	*Jarriko*+ past auxiliary verb	Jarriko nuen (I would put)
CONDITIONAL	*Jarriko* + conditional auxiliary verb	Jarriko banu (If I put)
CONSEQUENCE	*Jarriko* + consequence auxiliary verb	Jarriko nuke (I would put)
PRESENT POTENTIAL	*Jarri* + present potential auxiliary verb	Jarri dezaket (I can put)
HYPOTHETIC POTENTIAL	*Jarri* + hypothetic auxiliary verb	Jarri nezake (I could put)

REGIME: NOR-NORK, NOR-NORI-NORK

The verb "To Put" in Basque, "Jarri", can be built under a NOR-NORK regime (To put something) or a NOR-NORI-NORK regime (To put something that belongs to someone).

To build the correct auxiliary verb, please go to the mode tables and select the corresponding NOR-NORK or NOR-NORI-NORK regime table.

PRESENT	Neguan elurretarako kateak <u>jartzen dizkiot</u> beti nire kotxaeri. *I always <u>put</u> snow chains on my car in Winter.*
PRESENT PERFECT	Gurutzea erantzun okerrean <u>jarri duzu</u>. *You have <u>put</u> the cross on the wrong answer.*
PRESENT IMPERFECT	Beti <u>jarri izan diot</u> esne-gaina nire kafeari, ain gozo dago! *I have always <u>put</u> some cream in my coffee, it tastes so delicious!*
FUTURE TENSE	Lanpara bat <u>jarriko dugu</u> izkina horretan. *We'll <u>put</u> a lamp on that corner.*
PAST	Bere semearen marrazkiak hozkailuan <u>jartzen zituen</u>. *She used to <u>put</u> his son's pictures on the fridge.*
PAST PERFECT	5 marka <u>jarri zituen</u> paretan, marka bat kartzela horretan pasa zuen urte bakoitzeko. *He <u>put</u> 5 marks on the wall, one for each year he had spent on that jail.*
PAST FUTURE	Cowboyak pistola mahai gainean <u>jarriko zuela</u> esan zuen. *The*

	cowboy said he would put his gun on the table.
CONDITIONAL	Beroki grisa jartzen baduzu ez duzu hotzik izango. *If you put on the grey coat you won't be cold.*
CONSEQUENCE	Bero gehiago egingo balu galtza motz gorriak jarriko nituzke. *If it was warmer I would put on my red shorts.*
PRESENT POTENTIAL	Non jarri dezakegu margolan hau? *Where can we put this painting?*
HYPOTHETIC POTENTIAL	Hor jarri al zenezake? *Could you put it there?*

NON-FINITE VERB FORMS

Stem	*Jar*
Participle	*Jarri*
Verb noun	*Jartzea*

TO READ – IRAKURRI

Tense type	Structure	Example
PRESENT	*Irakurtzen*+indicative auxiliary verb	Irakurtzen dut (I read)
PRESENT PERFECT	*Irakurri*+ indicative auxiliary verb	Irakurri dut (I have read)
PRESENT IMPERFECT	*Irakurri izan*+ indicative auxiliary verb	Irakurri izan dut (I have read)
FUTURE TENSE	*Irakurriko*+ indicative auxiliary verb	Irakurriko dut (I will read)
PAST	*Irakurtzen*+ past auxiliary verb	Irakurtzen nuen (I used to read)
PAST PERFECT	*Irakurri*+ past auxiliary verb	Irakurri nuen (I read)
PAST FUTURE	*Irakurriko*+ past auxiliary verb	Irakurriko nuen (I would read)
CONDITIONAL	*Irakurriko* + conditional auxiliary verb	Irakurriko banu (If I read)
CONSEQUENCE	*Irakurriko* + consequence auxiliary verb	Irakurriko nuke (I would read)
PRESENT POTENTIAL	*Irakurri* + present potential auxiliary verb	Irakurri dezaket (I can read)
HYPOTHETIC POTENTIAL	*Irakurri* + hypothetic auxiliary verb	Irakurri nezake (I could read)

REGIME: NOR-NORK, NOR-NORI-NORK

The verb "To Read" in Basque, "Irakurri", can be built under a NOR-NORK regime (To read something) or a NOR-NORI-NORK regime (To read something for someone).

To build the correct auxiliary verb, please go to the mode tables and select the corresponding NOR-NORK or NOR-NORI-NORK regime table.

PRESENT	Egunkaria goizero <u>irakurtzen dut</u>. *I read the newpaper every morning.*
PRESENT PERFECT	5 iritzi positibo <u>irakurri ditut</u> jatetxe honi buruz. *I have read 5 good feedbacks about this restaurant.*
PRESENT IMPERFECT	Mutil gaztea nintzenetik <u>irakurri izan ditut</u> misteriozko liburuak. *I have read mistery books since I was a young boy.*
FUTURE TENSE	Zure artikulua <u>irakurriko dut</u>, zin egiten dizut. *I will read your article, I promise.*
PAST	Liburuak <u>irakurtzen zituen</u> ohera joan aurretik. *She used to read books before going to sleep.*
PAST PERFECT	Eraztunen Jauntxoa aste batean <u>irakurri nuen</u>. *I read Lord of the Rings in one week.*
PAST FUTURE	Bere emaila <u>irakurriko zuela</u> eta erantzungo zidala esan zidan. *He*

	told me he would read his mail and write me back.
CONDITIONAL	Obabakoak irakurtzen baduzu ondo pasako duzu. *If you read Obabakoak you would have a great time.*
CONSEQUENCE	Gaztelerara itzlita baldin balego zure liburua irakurriko nuke. *If it were translated into Spanish I would read your book.*
PRESENT POTENTIAL	Betaurrekorik gabe ezin dezaket irakurri. *I can't read without my glasses.*
HYPOTHETIC POTENTIAL	Paretako idatzitako mezu hori irakurri zenezake? *Could you read that message written on the wall?*

NON-FINITE VERB FORMS

Stem	*Irakur*
Participle	*Irakurri*
Verb noun	*Irakurtzea*

TO RECEIVE – JASO

Tense type	Structure	Example
PRESENT	*Jasotzen*+ indicative auxiliary verb	Jasotzen dut (I receive)
PRESENT PERFECT	*Jaso*+ indicative auxiliary verb	Jaso dut (I have received)
PRESENT IMPERFECT	*Jaso izan*+ indicative auxiliary verb	Jaso izan dut (I have received)
FUTURE TENSE	*Jasoko*+ indicative auxiliary verb	Jasoko dut (I will receive)
PAST	*Jasotzen*+ past auxiliary verb	Jasotzen nuen (I used to receive)
PAST PERFECT	*Jaso*+ past auxiliary verb	Jaso nuen (I received)
PAST FUTURE	*Jasoko*+ past auxiliary verb	Jasoko nuen (I would receive)
CONDITIONAL	*Jasoko* + conditional auxiliary verb	Jasoko banu (If I received)
CONSEQUENCE	*Jasoko* + consequence auxiliary verb	Jasoko nuke (I would receive)
PRESENT POTENTIAL	*Jaso* + present potential auxiliary verb	Jaso dezaket (I can receive)
HYPOTHETIC POTENTIAL	*Jaso* + hypothetic auxiliary verb	Jaso nezake (I could receive)

REGIME: NOR-NORK

The verb "To Receive" in Basque, "Jaso" is built under a NOR-NORK regime. "To Receive" can also be translated as "Hartu" or "Iritsi".

To build the correct auxiliary verb, please go to the mode tables and select the corresponding NOR-NORK regime table.

PRESENT	Anek lore sorta bat <u>jasotzen du</u> astero. *Ane <u>receives</u> a bouquet of flowers every week.*
PRESENT PERFECT	Zure eskaera <u>jaso dugu</u>, ahal bezain azkar erantzun bat emango dizugu. *<u>We've received</u> your request, we'll answer it as soon as possible.*
PRESENT IMPERFECT	Opari bat <u>jaso izan dut</u> denda elektroniko horretan erosi dudan bakoitzean. *<u>I've received</u> a free gift every time I've bought in that eshop.*
FUTURE TENSE	*Gure paketea bihar <u>jasoko duzu</u>. <u>You'll receive</u> our package tomorrow.*
PAST	Presoak maitasun gutunak <u>jasotzen zituen</u> kartzelan zegoen bitartean. *The prisoners <u>used to receive</u> used to receive love letters while he was in jail.*
PAST PERFECT	Zure ordainketa atzo <u>jaso nuen</u>. *<u>I received</u> your payment yesterday.*

PAST FUTURE	Banaketa konpainiak kaxa astelehenean <u>jasoko zenuela</u> esan zuen. *The delivery company said <u>you would receive</u> the box on Monday.*
CONDITIONAL	Fan baten gutuna <u>jasoko banu</u> erantzungo nuke. *<u>If I received</u> a letter from a fan I would answer it.*
CONSEQUENCE	Ospetsua balitz bere miresleen opariak <u>jasoko lituzke</u>. *If he was famous <u>he would receive</u> a lot of gifts from his fans.*
PRESENT POTENTIAL	Hainbeste froga artikulu <u>jaso ditzazkegu</u> ezer ordaindu gabe? *<u>Can we receive</u> so many trial items without paying anything?*
HYPOTHETIC POTENTIAL	Nork <u>jaso lezake</u> horrelako oparia? *Could anyone <u>receive</u> such a good present?*

NON-FINITE VERB FORMS

Stem	*Jaso*
Participle	*Jaso*
Verb noun	*Jasotzea*

TO REMEMBER – GOGORATU

Tense type	Structure	Example
PRESENT	*Gogoratzen*+indicative auxiliary verb	Gogoratzen dut (I remember)
PRESENT PERFECT	*Gogoratu*+ indicative auxiliary verb	Gogoratu dut (I have remembered)
PRESENT IMPERFECT	*Gogoratu izan*+ indicative auxiliary verb	Gogoratu izan dut (I have remembered)
FUTURE TENSE	*Gogoratuko*+ indicative auxiliary verb	Gogoratuko dut (I will remember)
PAST	*Gogoratzen*+ past auxiliary verb	Gogoratzen nuen (I used to remember)
PAST PERFECT	*Gogoratu*+ past auxiliary verb	Gogoratu nuen (I remembered)
PAST FUTURE	*Gogoratuko*+ past auxiliary verb	Gogoratuko nuen (I would remember)
CONDITIONAL	*Gogoratuko* + conditional auxiliary verb	Gogoratuko banu (If I remembered)
CONSEQUENCE	*Gogoratuko* + consequence auxiliary verb	Gogoratuko nuke (I would remember)
PRESENT POTENTIAL	*Gogoratu* + present potential auxiliary verb	Gogoratu dezaket (I can remember)
HYPOTHETIC POTENTIAL	*Gogoratu* + hypothetic auxiliary verb	Gogoratu nezake (I could remember)

REGIME: NOR-NORK, NOR-NORI-NORK

The verb "To Remember" in Basque, "Gogoratu", can be built under a NOR-NORK regime (To remember something), or a NOR-NORI-NORK regime (To remember something to someone).

To build the correct auxiliary verb, please go to the mode tables and select the corresponding NOR-NORK or NOR-NORI-NORK regime table.

PRESENT	Bere izena <u>gogoratzen</u> al <u>duzu</u>? *Do you remember her name?*
PRESENT PERFECT	Joan beahr dudala <u>gogoratu dut</u>, barkatu. *I've just remembered I have to leave, sorry.*
PRESENT IMPERFECT	Bere esanak <u>gogoratu izan ditut</u> lanpostu baterako elkarrizketa bat izan dudan bakoitzean. *I have remembered his words every time I've been to a job interview.*
FUTURE TENSE	Momentu hau bizitza osorako <u>gogoratuko du</u>. *He'll remember this moment for the rest of his life.*
PAST	Pelikula horretako elkarrizketa guztiak <u>gogoratzen nituen</u> eta hitzez hitz errepikatzen gai izango nintzateke. *I used to remember every dialogue of that movie and I could recite it word by word.*
PAST PERFECT	Zeregin bat zuela <u>gogoratu zuen</u> eta gelatik irten zen. *He remembered he something to do and left the room.*

PAST FUTURE	Txominek Martaren urtebetetzea <u>gogoratuko zuela</u> zin egin zuen. *Txomin promised <u>he would remember</u> Marta's birthday.*
CONDITIONAL	Zer gertatu zen <u>gogoratuko balu</u> esango lizuke. *<u>If she remembered</u> what happened she would tell you.*
CONSEQUENCE	Hori benetan gertatu balitz <u>gogoratuko nuke</u>. *If that really happened <u>I would remember it</u>.*
PRESENT POTENTIAL	<u>Gogoratu dezakezu</u> noiz izan zen emakume hori ikusi genuen azkeneko aldia? *<u>Can you remember</u> when was the last time we saw that woman?*
HYPOTHETIC POTENTIAL	<u>Gogoratu zenezake</u> non dagoen jatetxe hori? *<u>Could you remember</u> where that restaurant is?*

NON-FINITE VERB FORMS

Stem	*Gogora*
Participle	*Gogoratu*
Verb noun	*Gogoratzea*

TO REPEAT – ERREPIKATU

Tense type	Structure	Example
PRESENT	*Errepikatzen*+indicative auxiliary verb	Errepikatzen dut (I repeat)
PRESENT PERFECT	*Errepikatu*+ indicative auxiliary verb	Errepikatu dut (I have repeated)
PRESENT IMPERFECT	*Errepikatu izan*+ indicative auxiliary verb	Errepikatu izan dut (I have repeated)
FUTURE TENSE	*Errepikatuko*+ indicative auxiliary verb	Errepikatuko dut (I will repeat)
PAST	*Errepikatzen*+ past auxiliary verb	Errepikatzen nuen (I used to repeat)
PAST PERFECT	*Errepikatu*+ past auxiliary verb	Errepikatu nuen (I repeated)
PAST FUTURE	*Errepikatuko*+ past auxiliary verb	Errepikatuko nuen (I would repeat)
CONDITIONAL	*Errepikatuko* + conditional auxiliary verb	Errepikatuko banu (If I repeated)
CONSEQUENCE	*Errepikatuko* + consequence auxiliary verb	Errepikatuko nuke (I would repeat)
PRESENT POTENTIAL	*Errepikatu* + present potential auxiliary verb	Errepikatu dezaket (I can repeat)
HYPOTHETIC POTENTIAL	*Errepikatu* + hypothetic auxiliary verb	Errepikatu nezake (I could repeat)

REGIME: NOR-NORK, NOR-NORI-NORK

The verb "To Repeat" in Basque, "Errepikatu", can be built under a NOR-NORK regime (To repeat something), or a NOR-NORI-NORK regime (To repeat something to someone).

To build the correct auxiliary verb, please go to the mode tables and select the corresponding NOR-NORK or NOR-NORI-NORK regime table.

PRESENT	Historia behin eta berriro <u>errepikatzen da</u>. *The history <u>repeats</u> itself.*
PRESENT PERFECT	Lau aldiz <u>errepikatu du.</u> *He has <u>repeated</u> it four times.*
PRESENT IMPERFECT	Ohera joan aurretik errutina bera <u>errepikatu izan dut</u> gauero. *I've repeated the same routine every night before going to sleep.*
FUTURE TENSE	Ondo ateratzen bada ibilbide bera <u>errepikatuko dugu</u> datorren urtean. *If it goes well <u>we will repeat</u> the same route next year.*
PAST	Erritu bera <u>errepikatzen zuen</u> behin eta berriro. *<u>He used to repeat</u> the same ritual over and over again.*
PAST PERFECT	Aurrekoan esandako hitz berak <u>errepikatu zituen</u>. *<u>He repeated</u> the same words he said last time.*
PAST FUTURE	Bagenekien txiste txar hori <u>errepikatuko zenuela</u>. *We knew <u>you would repeat that</u> old joke.*

CONDITIONAL	Azterketa errepikatuko bazenu aprobatuko zenuke. *If you repeated the exam you would have passed it.*
CONSEQUENCE	Aukera banu postrea errepikatuko nuke. *If I had the chance I would repeat the dessert.*
PRESENT POTENTIAL	Errepikatu dezakezu esan duzun hori? *Can you repeat that thing you've said?*
HYPOTHETIC POTENTIAL	Errepikatu al zenezake, mesedez? *Could you repeat it, please?*

NON-FINITE VERB FORMS

Stem	*Errepika*
Participle	*Errepikatu*
Verb noun	*Errepikatzea*

TO RETURN – ITZULI

Tense type	Structure	Example
PRESENT	*Itzultzen*+indicative auxiliary verb	Itzultzen naiz (I return)
PRESENT PERFECT	*Itzuli*+ indicative auxiliary verb	Itzuli naiz (I have returned)
PRESENT IMPERFECT	*Itzuli izan*+ indicative auxiliary verb	Itzuli izan naiz (I have returned)
FUTURE TENSE	*Itzuliko*+ indicative auxiliary verb	Itzuliko naiz (I will return)
PAST	*Itzultzen*+ past auxiliary verb	Itzultzen nintzen (I used to return)
PAST PERFECT	*Itzuli*+ past auxiliary verb	Itzuli nintzen (I returned)
PAST FUTURE	*Itzuliko*+ past auxiliary verb	Itzuliko nintzen (I would return)
CONDITIONAL	*Itzuliko* + conditional auxiliary verb	Itzuliko banu (If I returned)
CONSEQUENCE	*Itzuliko* + consequence auxiliary verb	Itzuliko nuke (I would return)
PRESENT POTENTIAL	*Itzuli* + present potential auxiliary verb	Itzuli dezaket (I can return)
HYPOTHETIC POTENTIAL	*Itzuli* + hypothetic auxiliary verb	Itzuli nezake (I could return)

REGIME: NOR, NOR-NORI, NOR-NORK, NOR-NORI-NORK

The verb "To Return" in Basque, "Itzuli", can be built under a NOR (to return oneself), NOR-NORI (to return to someone) NOR-NORK regime (To return something), or a NOR-NORI-NORK regime (To return something to someone).

To build the correct auxiliary verb, please go to the mode tables and select the corresponding NOR, NOR-NORI, NOR-NORK or NOR-NORI-NORK regime table.

PRESENT	Bidaltze gastuak <u>ez ditugu itzultzen</u>. *We don't return the shipping costs.*
PRESENT PERFECT	Aitorreri giltzak <u>itzuli</u> al <u>dizkiozu</u>? *Have you returned Aitor his keys?*
PRESENT IMPERFECT	Askotan <u>itzuli izan naiz</u> bilbora azkeneko urteetan. *I've returned to Bilbao many times in the last years.*
FUTURE TENSE	Ostiralean <u>itzuliko gara</u>. *We'll return on Friday.*
PAST	Lehen jendea bere etxeetara <u>itzultzen zen</u> gauerdia baino lehen. *In the past, people <u>used to return</u> to their homes before midnight.*
PAST PERFECT	Txoria bere kaiolara <u>itzuli zuen</u> Mikelek. *Mikel <u>returned</u> the bird to its cage.*
PAST FUTURE	6ak aldera <u>itzuliko zela</u> esan zuen Susanak. *Susana said <u>she would return</u> home by 6.*

CONDITIONAL	Denborarekin <u>itzuliko bagina</u> filma telebistan ikusiko genuke. *<u>If we returned</u> in time we would watch the movie on the TV.*
CONSEQUENCE	Nahiko denbora bagenu hurrengo trenarekin <u>itzuliko ginateke</u>. *If we had enough time <u>we would return</u> in the next train.*
PRESENT POTENTIAL	Nire dirua <u>itzuli</u> al <u>didakezu</u>? <u>Can you return</u> me my money?
HYPOTHETIC POTENTIAL	Hotelera <u>itzuli zintezke</u> inoren laguntzarik gabe? *<u>Could you return</u> to the hotel without anyones's help?*

NON-FINITE VERB FORMS

Stem	*Itzul*
Participle	*Itzuli*
Verb noun	*Itzultzea*

TO RUN – KORRIKA EGIN

Tense type	Structure	Example
PRESENT	*Korrika egiten+* indicative auxiliary verb	Korrika egiten dut (I run)
PRESENT PERFECT	*Korrika egin+* indicative auxiliary verb	Korrika egin dut (I have run)
PRESENT IMPERFECT	*Korrika egin izan+* indicative auxiliary verb	Korrika egin izan dut (I have run)
FUTURE TENSE	*Korrika egingo+* indicative auxiliary verb	Korrika egingo dut (I will run)
PAST	*Korrika egiten+* past auxiliary verb	Korrika egiten nuen (I used to run)
PAST PERFECT	*Korrika egin+* past auxiliary verb	Korrika egin nuen (I ran)
PAST FUTURE	*Korrika egingo+* past auxiliary verb	Korrika egingo nuen (I would run)
CONDITIONAL	*Korrika egingo +* conditional auxiliary verb	Korrika egingo banu (If I ran)
CONSEQUENCE	*Korrika egingo +* consequence auxiliary verb	Korrika egingo nuke (I would run)
PRESENT POTENTIAL	*Korrika egin +* present potential auxiliary verb	Korrika egin dezaket (I can run)
HYPOTHETIC POTENTIAL	*Korrika egin +* hypothetic auxiliary verb	Korrika egin nezake (I could run)

REGIME: NOR-NORK

The verb "To Run" in Basque, "Korrika egin", is built under a NOR-NORK regime (To run).

To build the correct auxiliary verb, please go to the mode tables and select the corresponding NOR-NORK regime table.

PRESENT	Gizon hori oso azkar korrika egiten du. *That man runs very fast.*
PRESENT PERFECT	2 kilometroz korrika egin dut gaur goizean. *I have run 2 km this morning.*
PRESENT IMPERFECT	Jende asko korrika egin izan du Behobia lasterketan azken urteetan. *A lot of people have run in the Behobia race in the last years.*
FUTURE TENSE	1000 pertsona korrika egingo dute maratoian bihar. *1000 people will run the marathon next week.*
PAST	Parkean korrika egiten nuen 2012an itxi zuten arte. *I used to run in the park until they closed it in 2012.*
PAST PERFECT	Autobusa hartzeko korrika egin zuen. *He ran to catch the bus.*
PAST FUTURE	Badakit esan nuela lasterketan korrika egingo nuela baina oraindik ez nago prest. *I know I said I would run the race but I'm not prepared yet.*
CONDITIONAL	Korrika egingo bazenu iritsiko zinateke. *If you ran you would arrive*

	in time.
CONSEQUENCE	Munstro bat ikusiko banu korrika <u>egingo nuke</u>. *If I saw a monster <u>I would run</u>.*
PRESENT POTENTIAL	Ninjek ur gainean <u>korrika egin dezakete</u>. *Ninjas <u>can run</u> over the water.*
HYPOTHETIC POTENTIAL	<u>Korrika egin genezake</u> eta museora iritsi itxi baino lehen. *<u>We could run</u> and get to the museum before they close it.*

NON-FINITE VERB FORMS

Stem	*Korrika egin*
Participle	*Korrika egin*
Verb noun	*Korrika egitea*

TO SAY – ESAN

Tense type	Structure	Example
PRESENT	*Esaten*+indicative auxiliary verb	Esaten dut (I say)
PRESENT PERFECT	*Esan*+ indicative auxiliary verb	Esan dut (I have said)
PRESENT IMPERFECT	*Esan izan*+ indicative auxiliary verb	Esan izan dut (I have said)
FUTURE TENSE	*Esango*+ indicative auxiliary verb	Esango dut (I will say)
PAST	*Esaten*+ past auxiliary verb	Esaten nuen (I used to say)
PAST PERFECT	*Esan*+ past auxiliary verb	Esan nuen (I said)
PAST FUTURE	*Esango*+ past auxiliary verb	Esango nuen (I would say)
CONDITIONAL	*Esango* + conditional auxiliary verb	Esango banu (If I said)
CONSEQUENCE	*Esango* + consequence auxiliary verb	Esango nuke (I would say)
PRESENT POTENTIAL	*Esan* + present potential auxiliary verb	Esan dezaket (I can say)
HYPOTHETIC POTENTIAL	*Esan* + hypothetic auxiliary verb	Esan nezake (I could say)

REGIME: NOR-NORI, NOR-NORK, NOR-NORI-NORK

The verb "To Say" in Basque, "Esan", can be built under a NOR-NORI (to tell someone) NOR-NORK regime (To say something), or a NOR-NORI-NORK regime (To say something to someone). The most common regimes for "Esan" are NOR-NORK and NOR-NORI-NORK.

To build the correct auxiliary verb, please go to the mode tables and select the corresponding NOR-NORI, NOR-NORK or NOR-NORI-NORK regime table.

PRESENT	*Nola esaten da X euskaraz? How do you say X in Basque?*
PRESENT PERFECT	Zer esan du gidariak? *What has the driver said?*
PRESENT IMPERFECT	Aitak beti esan izan du gure familia aberatsa dela. *My father has always said that our family is rich.*
FUTURE TENSE	Ez dut ezer esango. *I won't say anything.*
PAST	Madril oso garestia dela esaten zuten. *They used to say that Madrid is very expensive.*
PAST PERFECT	Zerbait esan zuen baina ez nuen entzun zer. *He said something but I didn't hear what it was.*
PAST FUTURE	Bazekien ez zuela ezer esango. *She knew he wouldn't say anything.*
CONDITIONAL	Hori esango banu egia esaten egongo nintzateke. *If I said that I*

	would be telling the truth.
CONSEQUENCE	Berarekin ateratzeko <u>esango balit</u> baietz esango nioke. *If he asked me to go out with him <u>I would say</u> yes.*
PRESENT POTENTIAL	Nola <u>esan dezakezu</u> itsusia naizela? *How <u>can you say</u> that I'm ugly?*
HYPOTHETIC POTENTIAL	Berriro <u>esan zenezake</u>? Ez dizut ondo entzun. *<u>Could you say it</u> again? I didn't hear you well.*

NON-FINITE VERB FORMS

Stem	*Esan*
Participle	*Esan*
Verb noun	*Esatea*

TO SCREAM – OIHU EGIN

Tense type	Structure	Example
PRESENT	*Oihu egiten+* indicative auxiliary verb	Oihu egiten dut (I scream)
PRESENT PERFECT	*Oihu egin+* indicative auxiliary verb	Oihu egin dut (I have screamed)
PRESENT IMPERFECT	*Oihu egin izan+* indicative auxiliary verb	Oihu egin izan dut (I have screamed)
FUTURE TENSE	*Oihu egingo+* indicative auxiliary verb	Oihu egingo dut (I will scream)
PAST	*Oihu egiten+* past auxiliary verb	Oihu egiten nuen (I used to scream)
PAST PERFECT	*Oihu egin+* past auxiliary verb	Oihu egin nuen (I screamed)
PAST FUTURE	*Oihu egingo+* past auxiliary verb	Oihu egingo nuen (I would scream)
CONDITIONAL	*Oihu egingo +* conditional auxiliary verb	Oihu egingo banu (If I screamed)
CONSEQUENCE	*Oihu egingo +* consequence auxiliary verb	Oihu egingo nuke (I would scream)
PRESENT POTENTIAL	*Oihu egin +* present potential auxiliary verb	Oihu egin dezaket (I can scream)
HYPOTHETIC POTENTIAL	*Oihu egin +* hypothetic auxiliary verb	Oihu egin nezake (I could scream)

REGIME: NOR-NORK, NOR-NORI-NORK

The verb "To Scream" in Basque, "Oihu egin", can be built under a NOR-NORK regime (to scream) or a NOR-NORI-NORK (to scream at somebody).

To build the correct auxiliary verb, please go to the mode tables and select the corresponding NOR-NORK or NOR-NORI-NORK regime table.

PRESENT	Beti <u>oihu egiten dut</u> beldurrezko filmeekin. *I always <u>scream</u> with terror films.*
PRESENT PERFECT	Junek <u>oihu egin du</u> nire maskota berria ikusi duenean. Suge bat da. *June <u>has screamed</u> when she's seen my net pet. It's a snake.*
PRESENT IMPERFECT	Askotan <u>oihu egin izan dut</u> nire taldea telebistan ikusten denboraldi honetan. *<u>I have screamed</u> a lot watching my team on the TV this season.*
FUTURE TENSE	<u>Oihu egingo duzu</u> zure aurpegia ispiluan ikusten duzunean. *<u>You will scream</u> when you see your face in the mirror.*
PAST	Beldurrezko pelikulekin <u>oihu egiten zuen</u>. *He used to scream with terror movies.*
PAST PERFECT	Ahal zuen bezain ozen <u>oihu egin zuen</u>. *She screamed as loud as she could.*
PAST FUTURE	Ziur nengoen <u>oihu egingo zuela</u> kontua ikustean. *I was sure she*

	would scream when she saw the bill.
CONDITIONAL	<u>Oihu egingo balu</u> norbait entzungo al luke? *<u>If he screamed</u> would anybody hear him?*
CONSEQUENCE	Munstro bat ikusiko bazenu <u>oihu egingo zenuke</u>? *If you saw a monster <u>would you scream</u>?*
PRESENT POTENTIAL	Ur azpian <u>oihu egin</u> al <u>dezakezu</u>? *<u>Can you scream</u> under the water?*
HYPOTHETIC POTENTIAL	Hainbesteko beldurra zuen <u>ezin zezakeela oihu egin</u> ere. *He was so afraid <u>he couldn't scream</u>.*

NON-FINITE VERB FORMS

Stem	*Oihu egin*
Participle	*Oihu egin*
Verb noun	*Oihu egitea*

160

TO SEE – IKUSI

Tense type	Structure	Example
PRESENT	*Ikusten*+indicative auxiliary verb	Ikusten dut (I see)
PRESENT PERFECT	*Ikusi*+ indicative auxiliary verb	Ikusi dut (I have seen)
PRESENT IMPERFECT	*Ikusi izan*+ indicative auxiliary verb	Ikusi izan dut (I have seen)
FUTURE TENSE	*Ikusiko*+ indicative auxiliary verb	Ikusiko dut (I will see)
PAST	*Ikusten*+ past auxiliary verb	Ikusten nuen (I used to see)
PAST PERFECT	*Ikusi*+ past auxiliary verb	Ikusi nuen (I saw)
PAST FUTURE	*Ikusiko*+ past auxiliary verb	Ikusiko nuen (I would see)
CONDITIONAL	*Ikusiko* + conditional auxiliary verb	Ikusiko banu (If I saw)
CONSEQUENCE	*Ikusiko* + consequence auxiliary verb	Ikusiko nuke (I would see)
PRESENT POTENTIAL	*Ikusi* + present potential auxiliary verb	Ikusi dezaket (I can see)
HYPOTHETIC POTENTIAL	*Ikusi* + hypothetic auxiliary verb	Ikusi nezake (I could see)

REGIME: NOR, NOR-NORI, NOR-NORK, NOR-NORI-NORK

The verb "To See" in Basque, "Ikusi", can be built under a NOR-NORK regime (To see something), or a NOR-NORI-NORK regime (To see something that belongs to someone). "Ikusi" can also be built under a NOR or a NOR-NORI regime, but it's not as common as NOR-NORK or NOR-NORI-NORK.

To build the correct auxiliary verb, please go to the mode tables and select the corresponding NOR, NOR-NORI, NOR-NORK or NOR-NORI-NORK regime table.

PRESENT	Zerbait <u>ikusten dut</u> zure begietan. *I see something in your eyes.*
PRESENT PERFECT	<u>Ikusi</u> al <u>duzu</u>? *Have you seen it?*
PRESENT IMPERFECT	Beti <u>ikusi izan ditugu</u> txalupa asko hondarribiako portuan. *We've always seen a lot of boats in the harbor of Hondarribia.*
FUTURE TENSE	Itxaron eta <u>ikusiko duzu</u>. *Just wait and <u>you'll see</u>.*
PAST	Jende gazte gehiago <u>ikusten nituen</u> herrian baina orain denak hirira joan dira. *<u>I used to see</u> more young people in town, but now they've all gone to the city.*
PAST PERFECT	Argiñanoren jatetxean menu hobeagoa <u>ikusi genuen</u> eta bertara joan ginen. *<u>We saw</u> a better menu in Argiñano's so we went there.*
PAST FUTURE	Zooan tigreak <u>ikusiko genituzkeela</u> esan zuen baina ez zen horrela

	izan. *He said <u>we would see</u> some tigers in the zoo but we didn't see any.*
CONDITIONAL	Mendikote <u>ikusiko banu</u> besarkada bat emango nioke. *<u>If I saw</u> Mendikote I would give him a hug.*
CONSEQUENCE	Nire betaurrekoak banitu askoz hobeto <u>ikusiko nuke</u>. *If I had my glasses on <u>I would see it</u> much clearer.*
PRESENT POTENTIAL	Zumarragara joaten bagara zer <u>ikusi dezakegu</u>? *What <u>can we see</u> if we go to Zumarraga?*
HYPOTHETIC POTENTIAL	Bilbora joango bagina San Mames <u>ikusi genezake</u>. *If we went to Bilbao <u>we could see</u> San Mames.*

NON-FINITE VERB FORMS

Stem	*Ikus*
Participle	*Ikusi*
Verb noun	*Ikustea*

TO SEEM – IRUDITU

Tense type	Structure	Example
PRESENT	*Iruditu*+ indicative auxiliary verb	Iruditu zait (it seems)
FUTURE TENSE	*Irudituko*+ indicative auxiliary verb	Irudituko zait (it will seem)
PAST PERFECT	*Iruditu*+ past auxiliary verb	Iruditu zitzaidan (it seemed)
PAST FUTURE	*Irudituko*+ past auxiliary verb	Irudituko zitzaidan (it would seem)
CONDITIONAL	*Irudituko* + conditional auxiliary verb	Irudituko balitzait (If it seemed)
CONSEQUENCE	*Irudituko* + consequence auxiliary verb	Irudituko litzaidake (it would seem)
PRESENT POTENTIAL	*Iruditu* + present potential auxiliary verb	Iruditu dakidake (it can seem)
HYPOTHETIC POTENTIAL	*Iruditu* + hypothetic auxiliary verb	Iruditu zekidakeen (I could seem)

REGIME: NOR-NORI

The verb "To Seem" in Basque, "Iruditu" is built under a NOR-NORI regime (to seem to someone).

To build the correct auxiliary verb, please go to the mode tables and select the corresponding NOR-NORI regime table.

PRESENT	Oso interesgarria iruditzen zait. *It seems very interesting to me.*
FUTURE TENSE	Joaten ez bazara beldurra duzula irudituko zaie. *If you don't go it will seem that you're afraid of it.*
PAST	Merkeegia iruditu zitzaidan, zerbait ez zegoen ondo han. *It seemed too cheap, there was something wrong with it.*
PAST FUTURE	Arrazoi zenuen pixkat arraroa irudituko zitzaigula esan zenuenean. *You were right when you said it would seem a little bit weird.*
CONDITIONAL	Aukera hobeagoa irudituko balitzaigu aukeratu izango genuke. *If it seemed a better option we would have chosen it.*
CONSEQUENCE	Lana uztea erabakiko bazenu erabaki ona irudituko litzaidake. *It would seem a good decision if you decided to leave your job.*
PRESENT POTENTIAL	Aukera ona dela iruditu zakioke, baina ez da horrela. *It can seem like it's a good option, but it's not.*
HYPOTHETIC POTENTIAL	Ilara saltatzen saiatzen ari ginela iruditu zekieke. *It could seem like we were trying to skip that long queue.*

NON-FINITE VERB FORMS

Stem	*Irudi*
Participle	*Iruditu*
Verb noun	*Iruditzea*

TO SELL – SALDU

Tense type	Structure	Example
PRESENT	*Saltzen+* indicative auxiliary verb	Saltzen dut (I sell)
PRESENT PERFECT	*Saldu+* indicative auxiliary verb	Saldu dut (I have sold)
PRESENT IMPERFECT	*Saldu izan+* indicative auxiliary verb	Saldu izan dut (I have sold)
FUTURE TENSE	*Salduko+* indicative auxiliary verb	Salduko dut (I will sell)
PAST	*Saltzen+* past auxiliary verb	Saltzen nuen (I used to sell)
PAST PERFECT	*Saldu+* past auxiliary verb	Saldu nuen (I sold)
PAST FUTURE	*Salduko+* past auxiliary verb	Salduko nuen (I would sell)
CONDITIONAL	*Salduko +* conditional auxiliary verb	Salduko banu (If I sold)
CONSEQUENCE	*Salduko +* consequence auxiliary verb	Salduko nuke (I would sell)
PRESENT POTENTIAL	*Saldu +* present potential auxiliary verb	Saldu dezaket (I can sell)
HYPOTHETIC POTENTIAL	*Saldu +* hypothetic auxiliary verb	Saldu nezake (I could sell)

REGIME: NOR-NORK, NOR-NORI-NORK

The verb "To Sell" in Basque, "Saldu", can be built under a NOR-NORK regime (To sell something) or a NOR-NORI-NORK regime (To sell something to someone).

To build the correct auxiliary verb, please go to the mode tables and select the corresponding NOR-NORK or NOR-NORI-NORK regime table.

PRESENT	Miren oso pastel gozoak <u>saltzen ditu</u> bere dendan. *Miren <u>sells</u> very tasty cakes in her shop.*
PRESENT PERFECT	Oraindik <u>ez duzu saldu</u>? *<u>Haven't you sold it</u> yet?*
PRESENT IMPERFECT	Beti <u>saldu izan ditut</u> eskuz egindako kamisetak eBayn. *I have always <u>sold</u> all my handmade shirts on eBay.*
FUTURE TENSE	Gure sarrerak ahal bezain laster <u>salduko ditugu</u>. *<u>We will sell</u> our tickets as soon as we can.*
PAST	Mikelek kotxeak <u>saltzen zituen</u> hogei urte zituenean. *Mikel <u>used to sell</u> cars when he was in his twenties.*
PAST PERFECT	Etxea 100.000 euroengatik <u>saldu zuen</u>. *<u>He sold</u> his house for 100.000 euros.*
PAST FUTURE	Bazekien opari garesti hori <u>salduko zuela</u>. *She knew <u>he would sell</u> that expensive gift.*

CONDITIONAL	Nire kotxea <u>salduko banu</u> leku guztietara oinez joan beharko nuke. *If I sold my car I would have to go everywhere on foot.*
CONSEQUENCE	Erabiliko ez banu <u>salduko nuke</u>. *If I didn't use it <u>I would sell it</u>.*
PRESENT POTENTIAL	Nire Iphonea <u>saldu dezakezu</u> internet bidez? Diru extra bat behar dut. *Can you sell my Iphone on the internet? I need some extra money.*
HYPOTHETIC POTENTIAL	Nire bizikleta <u>saldu nezake</u> berri bat erosteko. *<u>I could sell</u> my bike in order to buy a new one.*

NON-FINITE VERB FORMS

Stem	*Sal*
Participle	*Saldu*
Verb noun	*Saltzea*

TO SEND – BIDALI

Tense type	Structure	Example
PRESENT	*Bidaltzen+* indicative auxiliary verb	Bidaltzen dut (I send)
PRESENT PERFECT	*Bidali+* indicative auxiliary verb	Bidali dut (I have sent)
PRESENT IMPERFECT	*Bidali izan+* indicative auxiliary verb	Bidali izan dut (I have sent)
FUTURE TENSE	*Bidaliko+* indicative auxiliary verb	Bidaliko dut (I will send)
PAST	*Bidaltzen+* past auxiliary verb	Bidaltzen nuen (I used to send)
PAST PERFECT	*Bidali+* past auxiliary verb	Bidali nuen (I sent)
PAST FUTURE	*Bidaliko+* past auxiliary verb	Bidaliko nuen (I would send)
CONDITIONAL	*Bidaliko +* conditional auxiliary verb	Bidaliko banu (If I sent)
CONSEQUENCE	*Bidaliko +* consequence auxiliary verb	Bidaliko nuke (I would send)
PRESENT POTENTIAL	*Bidali +* present potential auxiliary verb	Bidali dezaket (I can send)
HYPOTHETIC POTENTIAL	*Bidali +* hypothetic auxiliary verb	Bidali nezake (I could send)

REGIME: NOR-NORK, NOR-NORI-NORK

The verb "To Send" in Basque, "Bidali", can be built under a NOR-NORK regime (To send something) or a NOR-NORI-NORK regime (To send something to someone).

To build the correct auxiliary verb, please go to the mode tables and select the corresponding NOR-NORK or NOR-NORI-NORK regime table.

PRESENT	Alberto dirua <u>bidaltzen dio</u> bere brasilgo familiari. *Alberto <u>sends</u> money to her family in Brasil.*
PRESENT PERFECT	Gutuna <u>bidali</u> al <u>duzu</u>? *<u>Have you sent</u> the letter?*
PRESENT IMPERFECT	Lan eskaera pilo bat <u>bidali izan ditut</u> azken 2 urteetan. *<u>I have sent</u> a lot of job requests in the last 2 years.*
FUTURE TENSE	Autobusa bere garaian iristen ez bada taxi bat <u>bidaliko dizugu</u>. *If the bus doesn't arrive in time <u>we will send you</u> a taxi.*
PAST	Maikari maitasun gutunak <u>bidaltzen zizkion</u>. *<u>He used to send</u> love letters to Maika.*
PAST PERFECT	200 euro <u>bidali nizkizun</u> joan den astean, zer egin duzu diruarekin? *<u>I sent you</u> 200 euros last week, what have you done with the money?*
PAST FUTURE	Banekien <u>ez zidatela</u> eskatutakoa <u>bidaliko</u>! Artikulu hau guztiz desberdina da! *I knew <u>they wouldn't send me</u> what I asked for! This*

	is a completely different item!
CONDITIONAL	Gure eskaera gaur <u>bidaltzen badugu</u> datorren astean erantzungo ligukete. *<u>If we sent</u> our request today they would answer us next week.*
CONSEQUENCE	Eskatuko bazenit email bat ere <u>bidaliko nizuke</u> informazio guztiarekin. *If you asked me <u>I would send you</u> an email too with all the info.*
PRESENT POTENTIAL	Entrepresak 200 pakete <u>bidali ditzazke</u> egunero. *The company <u>can send</u> 200 packages a day.*
HYPOTHETIC POTENTIAL	Paketea Correos bidez <u>bidali zenezake</u>? *<u>Could you send</u> the package by Correos?*

NON-FINITE VERB FORMS

Stem	*Bidal*
Participle	*Bidali*
Verb noun	*Bidaltzea*

TO SHOW – ERAKUTSI

Tense type	Structure	Example
PRESHOWED	*Erakusten+* indicative auxiliary verb	Erakusten dut (I show)
PRESHOWED PERFECT	*Erakutsi+* indicative auxiliary verb	Erakutsi dut (I have showed)
PRESHOWED IMPERFECT	*Erakutsi izan+* indicative auxiliary verb	Erakutsi izan dut (I have showed)
FUTURE TENSE	*Erakutsiko+* indicative auxiliary verb	Erakutsiko dut (I will show)
PAST	*Erakusten+* past auxiliary verb	Erakusten nuen (I used to show)
PAST PERFECT	*Erakutsi+* past auxiliary verb	Erakutsi nuen (I showed)
PAST FUTURE	*Erakutsiko+* past auxiliary verb	Erakutsiko nuen (I would show)
CONDITIONAL	*Erakutsiko +* conditional auxiliary verb	Erakutsiko banu (If I showed)
CONSEQUENCE	*Erakutsiko +* consequence auxiliary verb	Erakutsiko nuke (I would show)
PRESHOWED POTENTIAL	*Erakutsi +* preshowed potential auxiliary verb	Erakutsi dezaket (I can show)
HYPOTHETIC POTENTIAL	*Erakutsi +* hypothetic auxiliary verb	Erakutsi nezake (I could show)

REGIME: NOR-NORK, NOR-NORI-NORK

The verb "To Show" in Basque, "Erakutsi", can be built under a NOR-NORK regime (To show something) or a NOR-NORI-NORK regime (To show something to someone).

To build the correct auxiliary verb, please go to the mode tables and select the corresponding NOR-NORK or NOR-NORI-NORK regime table.

PRESENT	Web orri bat dago nola egiten den <u>erakusten dizuna</u>. *There is a web page that <u>shows you</u> how to do it.*
PRESENT PERFECT	Tiketak <u>erakutsi dituzute</u> museora sartu baino lehen? *<u>Have you showed</u> your tickets before entering the museum?*
PRESENT IMPERFECT	Askotan <u>erakutsi izan dizut</u> ataza hau nola egiten den. *<u>I have showed</u> you many times how to do this task.*
FUTURE TENSE	Nola egiten den <u>erakutsiko dizut</u>. *<u>I will show</u> you how to do it.*
PAST	Anek museoa <u>erakusten zien</u> ibilbide gidatu bat nahi zuten bisitariei. *Ane <u>used to show</u> the museum to the visitors who wanted a guided tour.*
PAST PERFECT	Batmanek bere arma sekretua <u>erakutsi zuen.</u> *Batman <u>showed</u> his secret weapon.*
PAST FUTURE	Mikelek hiria <u>erakutsiko zidala</u> esan zidan. *Mikel said <u>he would show</u>*

	me the city.
CONDITIONAL	Nire poltsa <u>erakutsiko banizu</u> zeurea erakutsiko al zenidake zuk? *<u>If I showed you</u> my bag would you show me yours?*
CONSEQUENCE	Irunera etorriko bazina hemen ditugun leku eder guztiak <u>erakutsiko nizkizuke</u>. *I you came to Irun <u>I would show you</u> all the beautiful places we have here.*
PRESHOWED POTENTIAL	Bidea <u>erakutsi zeniezadake</u>? *<u>Can you show me</u> the way?*
HYPOTHETIC POTENTIAL	Poltsikoak <u>erakutsi zeniezazkidake</u>, mesedez? *<u>Could you show me</u> your pockets, please?*

NON-FINITE VERB FORMS

Stem	*Erakus*
Participle	*Erakutsi*
Verb noun	*Erakustea*

TO SING – ABESTU

Tense type	Structure	Example
PRESUNG	*Abesten+* indicative auxiliary verb	Abesten dut (I sing)
PRESUNG PERFECT	*Abestu+* indicative auxiliary verb	Abestu dut (I have sung)
PRESUNG IMPERFECT	*Abestu izan+* indicative auxiliary verb	Abestu izan dut (I have sung)
FUTURE TENSE	*Abestuko+* indicative auxiliary verb	Abestuko dut (I will sing)
PAST	*Abesten+* past auxiliary verb	Abesten nuen (I used to sing)
PAST PERFECT	*Abestu+* past auxiliary verb	Abestu nuen (I sang)
PAST FUTURE	*Abestuko+* past auxiliary verb	Abestuko nuen (I would sing)
CONDITIONAL	*Abestuko +* conditional auxiliary verb	Abestuko banu (If I sang)
CONSEQUENCE	*Abestuko +* consequence auxiliary verb	Abestuko nuke (I would sing)
PRESUNG POTENTIAL	*Abestu +* presung potential auxiliary verb	Abestu dezaket (I can sing)
HYPOTHETIC POTENTIAL	*Abestu +* hypothetic auxiliary verb	Abestu nezake (I could sing)

REGIME: NOR-NORK, NOR-NORI-NORK

The verb "To Sing" in Basque, "Abestu", can be built under a NOR-NORK regime (To sing something) or a NOR-NORI-NORK regime (To sing something to someone).

To build the correct auxiliary verb, please go to the mode tables and select the corresponding NOR-NORK or NOR-NORI-NORK regime table.

PRESENT	Country abestiak <u>abesten ditut</u> nire taldearekin. *I sing country songs with my band.*
PRESENT PERFECT	La Casa Azulek bere diska berriko abesti bat <u>abestu du</u> gaur telebistan. *La Casa Azul <u>has sung</u> a song from his new album today on the TV.*
PRESENT IMPERFECT	Beti <u>abestu izan dut</u> Lertxundiren kontzertuetan. *I've always <u>sung</u> at Lertxundi's concerts.*
FUTURE TENSE	Ahal dudan ongien <u>abestuko dut</u>. *I'll sing as good as I can.*
PAST	Udaran abesti zaharrak <u>abesten genituen</u> erreka alboan gauerdia iritsi arte. *On summertime <u>we used to sing</u> old songs by the river until midnight.*
PAST PERFECT	Beady Eyek Wonderwall <u>abestu zuen</u> atzo irratian. *Beady Eye <u>sang</u> Wonderwall yesterday on the radio.*
PAST FUTURE	Bagenekien Arritxuk <u>ez zuela</u> jendaurrean <u>abestuko</u>; oso lotsatia da.

	We knew Arritxu <u>wouldn't sing</u> in public; she's too shy.
CONDITIONAL	*"Loretxoa" <u>abestuko banu</u> nirekin abestuko zenukete? <u>If I sang</u> "Loretxoa" would you sing along with me?*
CONSEQUENCE	*Errealaren himnoa entzungo banu denekin batera <u>abestuko nuke</u>. If I heard the hymn on Erreala I <u>would sing</u> along with it.*
PRESENT POTENTIAL	*Kristina abeslari ona da; oso nota altuak <u>abestu ditzake</u>. Kristina is a good singer; <u>she can sing</u> very high notes.*
HYPOTHETIC POTENTIAL	*Abesti hori buruz <u>abestu</u> al <u>zenezake</u>? <u>Could you sing</u> that song by heart?*

NON-FINITE VERB FORMS

Stem	*Abes*
Participle	*Abestu*
Verb noun	*Abestea*

TO SIT DOWN – ESERI

Tense type	Structure	Example
PRESENT	*Esertzen*+ indicative auxiliary verb	Esertzen naiz (I sit down)
PRESENT PERFECT	*Eseri*+ indicative auxiliary verb	Eseri naiz (I have sat down)
PRESENT IMPERFECT	*Eseri izan*+ indicative auxiliary verb	Eseri izan naiz (I have sat down)
FUTURE TENSE	*Eseriko*+ indicative auxiliary verb	Eseriko naiz (I will sit down)
PAST	*Esertzen*+ past auxiliary verb	Esertzen nintzen (I used to sit down)
PAST PERFECT	*Eseri*+ past auxiliary verb	Eseri nintzen (I sat down)
PAST FUTURE	*Eseriko*+ past auxiliary verb	Eseriko nintzen (I would sit down)
CONDITIONAL	*Eseriko* + conditional auxiliary verb	Eseriko banintz (If I sat down)
CONSEQUENCE	*Eseriko* + consequence auxiliary verb	Eseriko nintzateke (I would sit down)
PRESENT POTENTIAL	*Eseri* + present potential auxiliary verb	Eseri naiteke (I can sit down)
HYPOTHETIC POTENTIAL	*Eseri* + hypothetic auxiliary verb	Eseri ninteke (I could sit down)

REGIME: NOR

The verb "To sit down" in Basque, "Eseri", is built under a NOR regime (To sit down).

To build the correct auxiliary verb, please go to the mode tables and select the corresponding NOR regime table.

PRESENT	Peru <u>esertzen denean</u> min handia sentitzen du sorbaldan. Medikura joan behar du. *When Peru <u>sits down</u> he feels a severe pain in the back. He has to go to the doctor.*
PRESENT PERFECT	Duela 5 minutu besterik ez <u>eseri naiz</u>. *<u>I have sat down</u> just 5 minutes ago.*
PRESENT IMPERFECT	Askotan <u>eseri izan da</u> bere aitaren besaulkian. *<u>He has sat down</u> many times in his father's armchair.*
FUTURE TENSE	Etxera iritsi bezain laster <u>eseriko da</u> eta atseden hartuko du egun osoan. *As soon as she gets home <u>she'll sit down</u> and rest for the rest of the day.*
PAST	Bulegoan Maite presidentearen aulkian <u>esertzen zen</u>. *Maite <u>used to sit down</u> in the president's chair at the office.*
PAST PERFECT	Mutilak agindua eman bezain laster txakurra <u>eseri zen</u>. *As soon as the boy gave the order the dog <u>sat down</u>.*
PAST FUTURE	Bazekien bere anaiaren lekuan <u>eseriko zela</u>. *He knew <u>she would sit down</u> in his brother's seat.*

CONDITIONAL	Eseriko banintz ur baso bat urbilduko al zenidake? *If I sat down would you bring me a glass of water?*
CONSEQUENCE	Nekatuegia banego momentu batez eseriko nintzateke. *If I was too tired I would sit down for a moment.*
PRESENT POTENTIAL	Toki libre horretan eseri al gaitezke? *Can we sit down on that free spot?*
HYPOTHETIC POTENTIAL	Momentu batez eseri gintezke, mesedez? Ezin dut gehiago. *Could we sit down for a moment, please? I can't go on.*

NON-FINITE VERB FORMS

Stem	*Eser*
Participle	*Eseri*
Verb noun	*Eseritzea*

TO SLEEP – LO EGIN

Tense type	Structure	Example
PRESENT	*Lo egiten*+ indicative auxiliary verb	Lo egiten dut (I sleep)
PRESENT PERFECT	*Lo egin*+ indicative auxiliary verb	Lo egin dut (I have slept)
PRESENT IMPERFECT	*Lo egin izan*+ indicative auxiliary verb	Lo egin izan dut (I have slept)
FUTURE TENSE	*Lo egingo*+ indicative auxiliary verb	Lo egingo dut (I will sleep)
PAST	*Lo egiten*+ past auxiliary verb	Lo egiten nuen (I used to sleep)
PAST PERFECT	*Lo egin*+ past auxiliary verb	Lo egin nuen (I slept)
PAST FUTURE	*Lo egingo*+ past auxiliary verb	Lo egingo nuen (I would sleep)
CONDITIONAL	*Lo egingo* + conditional auxiliary verb	Lo egingo banu (If I slept)
CONSEQUENCE	*Lo egingo* + consequence auxiliary verb	Lo egingo nuke (I would sleep)
PRESENT POTENTIAL	*Lo egin* + present potential auxiliary verb	Lo egin dezaket (I can sleep)
HYPOTHETIC POTENTIAL	*Lo egin* + hypothetic auxiliary verb	Lo egin nezake (I could sleep)

REGIME: NOR-NORK

The verb "To Slept" in Basque, "Lo egin", is built under a NOR-NORK regime (To sleep).

To build the correct auxiliary verb, please go to the mode tables and select the corresponding NOR-NORK regime table.

PRESENT	Pijama urdinarekin <u>lo egiten du</u> beti. *She always <u>sleeps</u> with her blue pijamas.*
PRESENT PERFECT	Ondo <u>lo egin duzu</u> gaur? *Have you slept well tonight?*
PRESENT IMPERFECT	Jonen etxean <u>lo egin izan du</u> askotan Urretxun bizi zenean. *He has slept in Jon's house many times when he was living in Urretxu.*
FUTURE TENSE	Gaur gauean hotel horretan <u>egingo dugu lo</u>. *We will sleep in that hotel tonight.*
PAST	Hainbeste jende bizi zen etxe hartan, haietako batzuk lurrean <u>lo egiten zutela.</u> *There were so many people living in that house, that some of them <u>used to sleep</u> on the floor.*
PAST PERFECT	Gau hartan Ikerrek umea bezala <u>egin zuen lo</u>. *Iker <u>slept</u> like a child that night.*
PAST FUTURE	Ez zegoen denontzat oherik beraz bagenekien norbaitek sofan <u>lo egin</u> beharko <u>zuela</u>. *There weren't enough beds so we knew*

	someone <u>would</u> have to <u>sleep</u> on the coach.
CONDITIONAL	Nahiko lo egingo bazenu ez zenuke siesta bota behar izango arratsaldean. *If you slept enough you wouldn't need to take a nap in the afternoon.*
CONSEQUENCE	Ohe on bat izango balu hobeto <u>lo egingo luke</u>. *If she had a good bed <u>she would sleep</u> better.*
PRESENT POTENTIAL	Gaur <u>ezin dezaket lorik egin</u>. *<u>I can't sleep</u> tonight.*
HYPOTHETIC POTENTIAL	<u>Lo egin zenezake</u> zure logelako argia piztuta utzita? *<u>Could you sleep</u> with the light of your bedroom switched on?*

NON-FINITE VERB FORMS

Stem	*Lo egin*
Participle	*Lo egin*
Verb noun	*Lo egitea*

TO SMILE – IRRIBARRE EGIN

Tense type	Structure	Example
PRESENT	*Irribarre egiten+* indicative auxiliary verb	Irribarre egiten dut (I smile)
PRESENT PERFECT	*Irribarre egin+* indicative auxiliary verb	Irribarre egin dut (I have smiled)
PRESENT IMPERFECT	*Irribarre egin izan+* indicative auxiliary verb	Irribarre egin izan dut (I have smiled)
FUTURE TENSE	*Irribarre egingo+* indicative auxiliary verb	Irribarre egingo dut (I will smile)
PAST	*Irribarre egiten+* past auxiliary verb	Irribarre egiten nuen (I used to smile)
PAST PERFECT	*Irribarre egin+* past auxiliary verb	Irribarre egin nuen (I smiled)
PAST FUTURE	*Irribarre egingo+* past auxiliary verb	Irribarre egingo nuen (I would smile)
CONDITIONAL	*Irribarre egingo +* conditional auxiliary verb	Irribarre egingo banu (If I smiled)
CONSEQUENCE	*Irribarre egingo +* consequence auxiliary verb	Irribarre egingo nuke (I would smile)
PRESENT POTENTIAL	*Irribarre egin +* present potential auxiliary verb	Irribarre egin dezaket (I can smile)
HYPOTHETIC POTENTIAL	*Irribarre egin +* hypothetic auxiliary verb	Irribarre egin nezake (I could smile)

REGIME: NOR-NORK

The verb "To Smiled" in Basque, "Irribarre egin", is built under a NOR-NORK regime (To smile).

To build the correct auxiliary verb, please go to the mode tables and select the corresponding NOR-NORK regime table.

PRESENT	Jendeak irribarre egiten du beti argazki hau erakusten diedanean. *People always smile when I show them this photo.*
PRESENT PERFECT	Neska horrek irribarre asko egin du zurekin hizketan zegoenean, gustoko zaituela uste dut. *That girl has smiled while she was talking to you, I think she likes you.*
PRESENT IMPERFECT	Urteetan zehar jeandeak irribarre asko egin dut ikuskizun honekin. *People have smiled a lot watching this show over the years.*
FUTURE TENSE	Ziur nago irribarre egingo duzula gaur arratsaldean gertatu zaidana kontatzen dizudanean. *I'm sure you'll smile when I tell you what's happened to me this afternoon.*
PAST	Aintzinean jendeak gehiago egiten zuen irribarre. *In the past, people used to smile more often.*
PAST PERFECT	Denek irribarre egin zuten Peru lurrera erori zenean. *Everybody smiled when Peru fell to the floor.*
PAST FUTURE	Maitek bazekien Anderrek irribarre egingo zuela bere aurpegia

177

	ikustean. *Maite knew Ander <u>would smile</u> when he saw her face.*
CONDITIONAL	Gehiago <u>irribarre egingo bazenu</u> zoriontsuago izango zinateke. *<u>If you smiled</u> more you would be happier.*
CONSEQUENCE	Txiste hori kontatuko banizu ziur nago gutxienez <u>irribarre egingo zenukeela</u>. *If I told you that joke I'm sure <u>you would smile,</u> at least.*
PRESENT POTENTIAL	<u>Irribarre egin al dezakezute</u> argazkia ateratzeko? *<u>Can you smile</u> for the photo?*
HYPOTHETIC POTENTIAL	Maizago <u>irribarre egin</u> al <u>zenezake?</u> *<u>Could you smile</u> more often?*

NON-FINITE VERB FORMS

Stem	*Irribarre egin*
Participle	*Irribarre egin*
Verb noun	*Irribarre egitea*

TO SPEAK – HITZ EGIN

Tense type	Structure	Example
PRESENT	*Hitz egiten+* indicative auxiliary verb	Hitz egiten dut (I speak)
PRESENT PERFECT	*Hitz egin+* indicative auxiliary verb	Hitz egin dut (I have spoken)
PRESENT IMPERFECT	*Hitz egin izan+* indicative auxiliary verb	Hitz egin izan dut (I have spoken)
FUTURE TENSE	*Hitz egingo+* indicative auxiliary verb	Hitz egingo dut (I will speak)
PAST	*Hitz egiten+* past auxiliary verb	Hitz egiten nuen (I used to speak)
PAST PERFECT	*Hitz egin+* past auxiliary verb	Hitz egin nuen (I spoke)
PAST FUTURE	*Hitz egingo+* past auxiliary verb	Hitz egingo nuen (I would speak)
CONDITIONAL	*Hitz egingo +* conditional auxiliary verb	Hitz egingo banu (If I spoke)
CONSEQUENCE	*Hitz egingo +* consequence auxiliary verb	Hitz egingo nuke (I would speak)
PRESENT POTENTIAL	*Hitz egin +* present potential auxiliary verb	Hitz egin dezaket (I can speak)
HYPOTHETIC POTENTIAL	*Hitz egin +* hypothetic auxiliary verb	Hitz egin nezake (I could speak)

REGIME: NOR-NORK, NOR-NORI-NORK

The verb "To Speak" in Basque, "Hitz egin", can be built under a NOR-NORK regime (to speak) or a NOR-NORI-NORK (to speak to somebody).

To build the correct auxiliary verb, please go to the mode tables and select the corresponding NOR-NORK or NOR-NORI-NORK regime table.

PRESENT	Barkatu, ingelesez bakarrik <u>hitz egiten dut</u>. *I only <u>speak</u> English, sorry.*
PRESENT PERFECT	Noizbaitz <u>hitz egin</u> al <u>duzu</u> nire osaba Robekin? *<u>Have you</u> ever <u>spoken</u> to my uncle Rob?*
PRESENT IMPERFECT	Askotan <u>hitz egin izan dugu</u> Bilborockera joateari buruz. *<u>We've</u> <u>spoken</u> a lot of times about going to Bilborock.*
FUTURE TENSE	Nik <u>hitz egingo dut</u> berarekin. *<u>I'll speak</u> with him.*
PAST	Mikelek oso gaizki <u>hitz egiten zuen</u> gaztelaniaz. *Mikel <u>used to speak</u> a very bad Spanish.*
PAST PERFECT	Australiako bidai horri buzuz <u>hitz egin zien</u> Anek bere lagunei. *Ane <u>spoke</u> to his friends about that trip to Australia.*
PAST FUTURE	Bazekien Enekok bere nagusiarekin <u>hitz egingo zuela</u> gertakari hori buruz. *He knew Eneko <u>would speak</u> to his boss about that incident.*

179

CONDITIONAL	Hizkuntza bat baino gehiago hitz egingo bazenu lanpostu hobea lortzeko aukera gehiago izango zenituzke. *If you spoke more than one language you would have more chances to get a better job.*
CONSEQUENCE	Eskolan gehiago ikasi izan banu euskera hitz egingo nuke orain. *If I had I studied more at school I would speak Basque now.*
PRESENT POTENTIAL	Ingelesez hitz egin dezakezu, mesedez? *Can you speak in English, please?*
HYPOTHETIC POTENTIAL	Motelago hitz egin zenezake? Ez dizut ulertzen. *Could you speak slower? I can't understand you.*

NON-FINITE VERB FORMS

Stem	*Hitz egin*
Participle	*Hitz egin*
Verb noun	*Hitz egitea*

TO STAND – ZUTIK EGON

Tense type	Structure	Example
PRESENT	*Zutik egoten*+indicative auxiliary verb	Zutik egoten naiz (I stand)
PRESENT PERFECT	*Zutik*+ "Egon" synthetic verb as auxiiary	Zutik nago (I have stood)
PRESENT IMPERFECT	*Zutik egon izan*+ indicative auxiliary verb	Zutik egon izan naiz (I have stood)
FUTURE TENSE	*Zutik egongo*+ indicative auxiliary verb	Zutik egongo naiz (I will stand)
PAST	*Zutik egoten* + past auxiliary verb	*Zutik egoten* nintzen (I used to stand)
PAST PERFECT	*Zutik egon* + past auxiliary verb	*Zutik egon* nintzen (I stood)
PAST FUTURE	*Zutik egongo* + past auxiliary verb	*Zutik egongo* nintzen (I would stand)
CONDITIONAL	*Zutik egongo* + conditional auxiliary verb	*Zutik egongo* banintz (If I stood)
CONSEQUENCE	*Zutik egongo* + consequence auxiliary verb	*Zutik egongo* nintzateke (I would stand)
PRESENT POTENTIAL	*Zutik egon* + present potential auxiliary verb	*Zutik egon* naiteke (I can stand)
HYPOTHETIC POTENTIAL	*Zutik egon* + hypothetic auxiliary verb	*Zutik egon* ninteke (I could stand)

REGIME: NOR

The verb "To Stand" in Basque, "Erori" is built under a NOR regime (To stand). It can also be translated as "Zutik jarri" or "Zutik mantendu".

To build the correct auxiliary verb, please go to the mode tables and select the corresponding NOR regime table.

PRESENT	Argazki horretan Mikel Aneren atzean <u>dago zutik</u>. *In that picture, Mikel <u>stands</u> just behind Ane.*
PRESENT PERFECT	Ekaitzaren ondoren egurrezko etxea oraindik <u>zutik dago</u>? *Has the wood house <u>stood</u> after the storm?*
PRESENT IMPERFECT	Askotan <u>egon izan naiz zutik</u> aireportuan zu itxoiten. *<u>I have stood</u> in the airport many times waiting for you.*
FUTURE TENSE	Lasai egon, eraikina <u>zutik mantenduko da</u>, material hoberenekin eginda dago eta. *Don't worry, the building <u>will stand</u>, it's made of the best possible materials.*
PAST	2 zaindari <u>egoten ziren zutik</u> sarreran erreginaren etxea zaintzen. *2 guards <u>used to stand</u> in the entrance keeping the queens house.*
PAST PERFECT	6 orduz <u>egon zen zutik</u> geltokian Ane itxoiten. *<u>He stood</u> for 6 hours in the station waiting for Ane.*
PAST FUTURE	Esan nizun beharrezkoa zen denbora guztia <u>egongo zela zutik</u>

	zaindaria ate aurrean. *I told you the guard <u>would stand</u> as long as needed in front of the door.*
CONDITIONAL	Egun osoan <u>zutik egongo bazina</u> nekatuko zinateke. *<u>If you stood</u> all day long you would get tired.*
CONSEQUENCE	Emakume heldu bat autobusan ikusiko banu <u>zutik jarriko nintzateke</u> nire lekua hartu dezan. *If I saw an old lady on the bus <u>I would stand</u> so she can have my seat.*
PRESENT POTENTIAL	<u>Zutik jarri zaitezkete</u> aberriaren himnoa abesteko? *<u>Can you stand</u> for the national anthem?*
HYPOTHETIC POTENTIAL	Posizio horretan <u>zutik egon zintezke</u> momento batez? *<u>Could you stand</u> in that position for one moment?*

NON-FINITE VERB FORMS

Stem	*Zutik egon*
Participle	*Zutik egon*
Verb noun	*Zutik egotea*

TO START – HASI

Tense type	Structure	Example
PRESENT	*Hasten*+indicative auxiliary verb	Hasten da (it starts)
PRESENT PERFECT	*Hasi*+ indicative auxiliary verb	Hasi da (it has started)
PRESENT IMPERFECT	*Hasi izan*+ indicative auxiliary verb	Hasi izan da (it has started)
FUTURE TENSE	*Hasiko*+ indicative auxiliary verb	Hasiko da (it will start)
PAST	*Hasten*+ past auxiliary verb	Hasten zen (it used to start)
PAST PERFECT	*Hasi*+ past auxiliary verb	Hasi zen (it started)
PAST FUTURE	*Hasiko*+ past auxiliary verb	Hasiko zen (I would start)
CONDITIONAL	*Hasiko* + conditional auxiliary verb	Hasiko balitz (If it started)
CONSEQUENCE	*Hasiko* + consequence auxiliary verb	Hasiko litzateke (it would start)
PRESENT POTENTIAL	*Hasi* + present potential auxiliary verb	Hasi daiteke (it can start)
HYPOTHETIC POTENTIAL	*Hasi* + hypothetic auxiliary verb	Hasi liteke (it could start)

REGIME: NOR, NOR-NORI, NOR-NORK

The verb "To Start" in Basque, "Hasi", can be built under a NOR regime (To start) NOR-NORK regime (To start something), or a NOR-NORI regime (To start something that belongs to someone).

To build the correct auxiliary verb, please go to the mode tables and select the corresponding NOR, NOR-NORK or NOR-NORI regime table.

PRESENT	Zer ordutan <u>hasten da</u> pelikula? *At what time <u>does the movie start</u>?*
PRESENT PERFECT	Pelikula duela 5 minutu <u>hasi da</u>. *The movie <u>has started</u> 5 minutes ago.*
PRESENT IMPERFECT	Bazkalordua beti <u>hasi izan da</u> 13:00tan etxe honetan. *The lunch time <u>has</u> always <u>started</u> at 13:00 in this house.*
FUTURE TENSE	Ibilaldi gidatua Guggenheimen <u>hasiko da</u>. *The guided tour <u>will start</u> at the Guggenheim.*
PAST	Talde honen kontzertuak kitarra solo batekin <u>hasten ziren</u>. *This band's concerts <u>used to start</u> with a guitar solo.*
PAST PERFECT	Atzo eguzkia egiten zuen baina arratsaldean euria egiten <u>hasi zen</u>. *Yesteday was sunny but in the afternoon <u>it started</u> to rain.*
PAST FUTURE	Txanpu magiko horri esker ilea berriro ateratzen <u>hasiko zitzaidala</u>

	esan zidan. *He told me my hair <u>would start</u> to grow again, thanks to that magical shampoo.*
CONDITIONAL	Zer egingo zenuke zure umea negar egiten <u>hasiko balitz</u>? *<u>If your</u> baby <u>started</u> to cry what would you do?*
CONSEQUENCE	Gaizki aterako balitz berriro <u>hasiko nintzateke</u>. *If I failed <u>I would start</u> again.*
PRESENT POTENTIAL	Berriro <u>hasi zaitezke</u>, mesedez? *<u>Can you start</u> again, please?*
HYPOTHETIC POTENTIAL	Hasieratik <u>hasi</u> al <u>zintezke</u>? *<u>Could you start</u> from the beginning?*

NON-FINITE VERB FORMS

Stem	*Has*
Participle	*Hasi*
Verb noun	*hastea*

TO STAY – GELDITU

Tense type	Structure	Example
PRESENT	*Gelditzen*+ indicative auxiliary verb	Gelditzen naiz (I stay)
PRESENT PERFECT	*Gelditu*+ indicative auxiliary verb	Gelditu naiz (I have stayed)
PRESENT IMPERFECT	*Gelditu izan*+ indicative auxiliary verb	Gelditu izan naiz (I have stayed)
FUTURE TENSE	*Geldituko*+ indicative auxiliary verb	Geldituko naiz (I will stay)
PAST	*Gelditzen*+ past auxiliary verb	Gelditzen nintzen (I used to stay)
PAST PERFECT	*Gelditu*+ past auxiliary verb	Gelditu nintzen (I stayed)
PAST FUTURE	*Geldituko*+ past auxiliary verb	Geldituko nintzen (I would stay)
CONDITIONAL	*Geldituko* + conditional auxiliary verb	Geldituko banintz (If I stayed)
CONSEQUENCE	*Geldituko* + consequence auxiliary verb	Geldituko nintzateke (I would stay)
PRESENT POTENTIAL	*Gelditu* + present potential auxiliary verb	Gelditu naiteke (I can stay)
HYPOTHETIC POTENTIAL	*Gelditu* + hypothetic auxiliary verb	Gelditu ninteke (I could stay)

REGIME: NOR

The verb "To stay" in Basque, "Gelditu", is built under a NOR regime (To stay).

To build the correct auxiliary verb, please go to the mode tables and select the corresponding NOR regime table.

PRESENT	Ez dakit nola egiten duzun baina beti <u>gelditzen naiz</u> zurekin. *I don't know how you do it, but <u>I</u> always <u>stay</u> with you.*
PRESENT PERFECT	Hotel honetan <u>gelditu</u> al <u>zara</u> noizbait? *<u>Have you</u> ever <u>stayed</u> in this hotel?*
PRESENT IMPERFECT	Bilbora joan garen bakoitzean Bearen etxean <u>gelditu izan gara</u>. *Every time we've been to Bilbao <u>we've stayed</u> at Bea's house.*
FUTURE TENSE	Ezer egiten ez baduzu zure etxean <u>geldituko dira</u> betiko. *If you don't do anything about it <u>they'll stay</u> at your house forever.*
PAST	Diru gehiago genuenean donostiako Londres hotelean <u>gelditzen ginen</u>. *When we were richer <u>we used to stay</u> at the Londres hotel in Donostia.*
PAST PERFECT	Donostian egon ginen azkeneko aldian Londres hotelean <u>gelditu ginen</u>. *Last time we went to Donostia <u>we stayed</u> at the Londres hotel.*
PAST FUTURE	Ikerrek Salamancan 2 astez <u>geldituko zela</u> esan zuen. *Iker said <u>he</u>*

	would stay in Salamanca for 2 weeks.
CONDITIONAL	Zure etxean <u>geldituko bagina</u> ordainduko genizuke. *If we stayed in your house we would pay you some money.*
CONSEQUENCE	Eskatuko bazenit, <u>geldituko nintzateke</u>. *If you asked me to, <u>I would stay</u>.*
PRESENT POTENTIAL	Zure etxean <u>gelditu gaitezke</u>? *Can we stay at your house?*
HYPOTHETIC POTENTIAL	Hor <u>gelditu zintezke</u> gu iritsi arte? *Could you stay there until we arrive?*

NON-FINITE VERB FORMS

Stem	*Geldi*
Participle	*Gelditu*
Verb noun	*Gelditzea*

TO TAKE – HARTU

Tense type	Structure	Example
PRESENT	*Hartzen+* indicative auxiliary verb	Hartzen dut (I take)
PRESENT PERFECT	*Hartu+* indicative auxiliary verb	Hartu dut (I have taken)
PRESENT IMPERFECT	*Hartu izan+* indicative auxiliary verb	Hartu izan dut (I have taken)
FUTURE TENSE	*Hartuko+* indicative auxiliary verb	Hartuko dut (I will take)
PAST	*Hartzen+* past auxiliary verb	Hartzen nuen (I used to take)
PAST PERFECT	*Hartu+* past auxiliary verb	Hartu nuen (I took)
PAST FUTURE	*Hartuko+* past auxiliary verb	Hartuko nuen (I would take)
CONDITIONAL	*Hartuko +* conditional auxiliary verb	Hartuko banu (If I took)
CONSEQUENCE	*Hartuko +* consequence auxiliary verb	Hartuko nuke (I would take)
PRESENT POTENTIAL	*Hartu +* present potential auxiliary verb	Hartu dezaket (I can take)
HYPOTHETIC POTENTIAL	*Hartu +* hypothetic auxiliary verb	Hartu nezake (I could take)

REGIME: NOR-NORK, NOR-NORI-NORK

The verb "To Take" in Basque, "Hartu", can be built under a NOR-NORK regime (To take something) or a NOR-NORI-NORK regime (To take something that belongs to someone).

To build the correct auxiliary verb, please go to the mode tables and select the corresponding NOR-NORK or NOR-NORI-NORK regime table.

PRESENT	Internet bidez zerbait erosi behar dudanean nire paypaleko kontutik dirua <u>hartzen dut</u>. *I take money from my paypal account every time I need to buy something online.*
PRESENT PERFECT	Laranja zukurik <u>hartu</u> al <u>duzu</u> hozkailutik? *Have you taken any orange juice from the fridge?*
PRESENT IMPERFECT	Gure limoiak Ramonen limonerotik <u>hartu izan ditugu</u> beti. *We've aways <u>taken</u> our lemons from Ramon's lemon tree.*
FUTURE TENSE	Goxoki bat <u>hartuko dut</u> bakarrik. *I'll take only one candy.*
PAST	Ostiraletan garagardo bat <u>hartzen nuen</u> Alexekin. *I used to take a beer with Alex on Fridays.*
PAST PERFECT	Sagarrak <u>hartu</u> eta saskian sartu <u>zituen</u>. *She took the apples and put them in the basket.*
PAST FUTURE	Arriskua <u>hartuko zuela</u> esan zuen, baina azkenean, ez zen horrela

	izan. *He said <u>he would take</u> the risk, but in the end, he didn't.*
CONDITIONAL	Tren hori <u>hartuko banu</u> denborarekin iritsiko nintzateke. *<u>If I took</u> that train I would arrive in time.*
CONSEQUENCE	Eskainiko bazenit <u>hartuko nuke</u>. *If you offered it to me <u>I would take it</u>.*
PRESENT POTENTIAL	Autobusa <u>hartu dezakegu</u> nahi baduzu. *<u>We can take</u> a bus if you want.*
HYPOTHETIC POTENTIAL	Sarrerak nire ordez <u>hartu zenitzazke</u>, mesedez? *<u>Could you take</u> the tickets for me, please?*

NON-FINITE VERB FORMS

Stem	*Har*
Participle	*Hartu*
Verb noun	*Hartzea*

TO TALK – HITZ EGIN

Tense type	Structure	Example
PRESENT	*Hitz egiten+* indicative auxiliary verb	Hitz egiten dut (I talk)
PRESENT PERFECT	*Hitz egin+* indicative auxiliary verb	Hitz egin dut (I have talked)
PRESENT IMPERFECT	*Hitz egin izan+* indicative auxiliary verb	Hitz egin izan dut (I have talked)
FUTURE TENSE	*Hitz egingo+* indicative auxiliary verb	Hitz egingo dut (I will talk)
PAST	*Hitz egiten+* past auxiliary verb	Hitz egiten nuen (I used to talk)
PAST PERFECT	*Hitz egin+* past auxiliary verb	Hitz egin nuen (I talked)
PAST FUTURE	*Hitz egingo+* past auxiliary verb	Hitz egingo nuen (I would talk)
CONDITIONAL	*Hitz egingo +* conditional auxiliary verb	Hitz egingo banu (If I talked)
CONSEQUENCE	*Hitz egingo +* consequence auxiliary verb	Hitz egingo nuke (I would talk)
PRESENT POTENTIAL	*Hitz egin +* present potential auxiliary verb	Hitz egin dezaket (I can talk)
HYPOTHETIC POTENTIAL	*Hitz egin +* hypothetic auxiliary verb	Hitz egin nezake (I could talk)

REGIME: NOR-NORK, NOR-NORI-NORK

The verb "To Talk" in Basque, "Hitz egin", can be built under a NOR-NORK regime (to talk) or a NOR-NORI-NORK (to talk to somebody about something).

To build the correct auxiliary verb, please go to the mode tables and select the corresponding NOR-NORK or NOR-NORI-NORK regime table.

PRESENT	Idoiak asko <u>hitz egiten du</u>. *Idoia talks a lot.*
PRESENT PERFECT	Maiderrekin <u>hitz egin duzu</u>? *Have you talked to Maider?*
PRESENT IMPERFECT	Jendeak asko <u>hitz egin izan du</u> azkenaldian Messiren neskalagun berriari buruz. *People have talked a lot lately about Messi's new girlfriend.*
FUTURE TENSE	Bihar Zugarramurdira egingo dugun bidaiari buruz <u>hitz egingo dugu</u>. *Tomorrow we will talk about our next trip to Zugarramurdi.*
PAST	Danielek asko <u>hitz egiten zuen</u> zientzia-fikzioari buruz. *Daniel used to talk a lot about science-fiction.*
PAST PERFECT	Beraiekin <u>hitz egin</u> al <u>zenuen</u>? *Did you talk with them?*
PAST FUTURE	Bertak hoteleko zuzendariarekin <u>hitz egingo zuela</u> esan zuen. *Berta said she would talk with the director of the hotel.*

CONDITIONAL	Anderrekin <u>hitz egingo bazenu</u> hobeto ezagutuko zenuke. *<u>If you</u> <u>talked</u> with Ander you would know him better.*
CONSEQUENCE	Eskatuko bazenit berarekin <u>hitz egingo nuke</u>. *If you asked me <u>I</u> <u>would talk to him</u>.*
PRESENT POTENTIAL	Afoniko dago eta <u>ezin dezake hitz egin</u> momentu honetan. *He's lost his voice and <u>he can't talk</u> right now.*
HYPOTHETIC POTENTIAL	Mikelekin <u>hitz egin</u> al <u>zenezake</u> festari buruz? *<u>Could you talk</u> with Mikel about the party?*

NON-FINITE VERB FORMS

Stem	*Hitz egin*
Participle	*Hitz egin*
Verb noun	*Hitz egitea*

TO TEACH – IRAKATSI

Tense type	Structure	Example
PRESENT	*Irakasten+* indicative auxiliary verb	Irakasten dut (I teach)
PRESENT PERFECT	*Irakatsi+* indicative auxiliary verb	Irakatsi dut (I have taught)
PRESENT IMPERFECT	*Irakatsi izan+* indicative auxiliary verb	Irakatsi izan dut (I have taught)
FUTURE TENSE	*Irakatsiko+* indicative auxiliary verb	Irakatsiko dut (I will teach)
PAST	*Irakasten+* past auxiliary verb	Irakasten nuen (I used to teach)
PAST PERFECT	*Irakatsi+* past auxiliary verb	Irakatsi nuen (I taught)
PAST FUTURE	*Irakatsiko+* past auxiliary verb	Irakatsiko nuen (I would teach)
CONDITIONAL	*Irakatsiko +* conditional auxiliary verb	Irakatsiko banu (If I taught)
CONSEQUENCE	*Irakatsiko +* consequence auxiliary verb	Irakatsiko nuke (I would teach)
PRESENT POTENTIAL	*Irakatsi +* present potential auxiliary verb	Irakatsi dezaket (I can teach)
HYPOTHETIC POTENTIAL	*Irakatsi +* hypothetic auxiliary verb	Irakatsi nezake (I could teach)

REGIME: NOR-NORK, NOR-NORI-NORK

The verb "To Teach" in Basque, "Irakatsi", can be built under a NOR-NORK regime (to teach) or a NOR-NORI-NORK (to teach to somebody).

To build the correct auxiliary verb, please go to the mode tables and select the corresponding NOR-NORK or NOR-NORI-NORK regime table.

PRESENT	2011z geroztik irakasten du EHUn Markelek. *Markel teaches in the UPV University since 2011.*
PRESENT PERFECT	Nork irakatsi dio hori? *Who has taught him that?*
PRESENT IMPERFECT	2009tik aurrera zientzia irakatsi du Txingudi Ikastolan. *He has taught science in Txingudi Ikastola since 2009.*
FUTURE TENSE	Nola egiten den irakatsiko dizut. *I'll teach you how to do it.*
PAST	Bixargorri jauna Pio Baroja institutuan irakasten zuen. *Mr. Bixargorri used to teach in the Pio Baroja high school.*
PAST PERFECT	Internet bidez erosiz dirua aurrezten irakatsi zidan Idoiak. *Idoia taught me how to save money buying on the internet.*
PAST FUTURE	Monikak zin egin zidan patata tortilla on bat egiten irakatsiko zidala. *Monika promised me she would teach me how to cook a good Spanish omelet.*

CONDITIONAL	Noelek gitarra jotzen <u>irakatsiko balidake</u> gitarrista hobeagoa izango nintzateke. *If Noel <u>taught me</u> how to play the guitar I would be a better guitarist.*
CONSEQUENCE	Ordainduko bagenizu, gitarra jotzen <u>irakatsiko</u> al <u>zeniguke</u>? *If we paid you, <u>would you teach us</u> how to play the guitar?*
PRESENT POTENTIAL	Hori nola egiten den <u>irakatsi didakezu</u>? *<u>Can you teach me</u> how to do that?*
HYPOTHETIC POTENTIAL	Euskeraz hitz egiten <u>irakatsi zeniezadake</u>? *<u>Could you teach me</u> how to speak Basque?*

NON-FINITE VERB FORMS

Stem	*Irakas*
Participle	*Irakatsi*
Verb noun	*Irakastea*

TO THINK – PENTSATU

Tense type	Structure	Example
PRESENT	*Pentsatzen*+ indicative auxiliary verb	Pentsatzen dut (I think)
PRESENT PERFECT	*Pentsatu*+ indicative auxiliary verb	Pentsatu dut (I have thought)
PRESENT IMPERFECT	*Pentsatu izan*+ indicative auxiliary verb	Pentsatu izan dut (I have thought)
FUTURE TENSE	*Pentsatuko*+ indicative auxiliary verb	Pentsatuko dut (I will think)
PAST	*Pentsatzen*+ past auxiliary verb	Pentsatzen nuen (I used to think)
PAST PERFECT	*Pentsatu*+ past auxiliary verb	Pentsatu nuen (I thought)
PAST FUTURE	*Pentsatuko*+ past auxiliary verb	Pentsatuko nuen (I would think)
CONDITIONAL	*Pentsatuko* + conditional auxiliary verb	Pentsatuko banu (If I thought)
CONSEQUENCE	*Pentsatuko* + consequence auxiliary verb	Pentsatuko nuke (I would think)
PRESENT POTENTIAL	*Pentsatu* + present potential auxiliary verb	Pentsatu dezaket (I can think)
HYPOTHETIC POTENTIAL	*Pentsatu* + hypothetic auxiliary verb	Pentsatu nezake (I could think)

REGIME: NOR-NORK

The verb "To Think" in Basque, "Pentsatu" is built under a NOR-NORK regime.

To build the correct auxiliary verb, please go to the mode tables and select the corresponding NOR-NORK regime table.

PRESENT	Zer <u>pentsatzen duzu</u> horri buruz? *What <u>do you think</u> about it?*
PRESENT PERFECT	Gaur goizean parkera joan gintezkeela <u>pentsatu dut</u>. *<u>I have thought</u> we could go to the park this morning.*
PRESENT IMPERFECT	Askotan <u>pentsatu izan dut</u> Japoniara joateari buruz. *<u>I have thought</u> many times about going to Japan someday.*
FUTURE TENSE	Geroago <u>pentsatuko dut</u> horri buruz. *<u>I'll think</u> about it later.*
PAST	Oso itxia zinela <u>pentsatzen nuen</u>, baina orain ezagutzen zaitudala oso pertsona interesgarria zarela pentsatzen dut. *<u>I used to think</u> you were very close-minded, but now I know you I think you're a very interesting person.*
PAST PERFECT	Ideia ona izango zela <u>pentsatu nuen</u>. *<u>I thought</u> that would be a good idea.*
PAST FUTURE	<u>Pentsatuko zuela</u> esan zuen. *She said <u>she would think</u> about it.*
CONDITIONAL	Horri buruz <u>pentsatuko bagenu</u> erantzuna aurkituko genuke. *<u>If we</u>*

	thought about it we would find the answer.
CONSEQUENCE	Zerbait hobeagoa eskainiko bazenit <u>pentsatuko nuke</u>. _If you offered me something better <u>I would think</u> about it._
PRESENT POTENTIAL	<u>Pentsatu dezakegu</u> zer egingo dugun gero? _<u>Can we think</u> about what are we going to do later?_
HYPOTHETIC POTENTIAL	Nork <u>pentsatu lezake</u> hori gertatuko zela? _Who <u>could think</u> that would happen?_

NON-FINITE VERB FORMS

Stem	_Pentsa_
Participle	_Pentsatu_
Verb noun	_Pentsatzea_

TO TOUCH – UKITU

Tense type	Structure	Example
PRESENT	*Ukitzen*+indicative auxiliary verb	Ukitzen dut (I touch)
PRESENT PERFECT	*Ukitu*+ indicative auxiliary verb	Ukitu dut (I have touched)
PRESENT IMPERFECT	*Ukitu izan*+ indicative auxiliary verb	Ukitu izan dut (I have touched)
FUTURE TENSE	*Ukituko*+ indicative auxiliary verb	Ukituko dut (I will touch)
PAST	*Ukitzen*+ past auxiliary verb	Ukitzen nuen (I used to touch)
PAST PERFECT	*Ukitu*+ past auxiliary verb	Ukitu nuen (I touched)
PAST FUTURE	*Ukituko*+ past auxiliary verb	Ukituko nuen (I would touch)
CONDITIONAL	*Ukituko* + conditional auxiliary verb	Ukituko banu (If I touched)
CONSEQUENCE	*Ukituko* + consequence auxiliary verb	Ukituko nuke (I would touch)
PRESENT POTENTIAL	*Ukitu* + present potential auxiliary verb	Ukitu dezaket (I can touch)
HYPOTHETIC POTENTIAL	*Ukitu* + hypothetic auxiliary verb	Ukitu nezake (I could touch)

REGIME: NOR, NOR-NORK, NOR-NORI-NORK

The verb "To Touch" in Basque, "Ukitu", is built under a NOR regime (To touch oneself), NOR-NORK regime (To touch something) or NOR-NORI-NORK regime (To touch somebody).

To build the correct auxiliary verb, please go to the mode tables and select the corresponding NOR, NOR-NORK or NOR-NORI-NORK regime table.

PRESENT	Kartelan zera jartzen du:"Ukitzen duzu, ordaintzen duzu". The sign reads: "You touch it you pay it".
PRESENT PERFECT	Norbaitek ukitu al du? *Has anybody touched it?*
PRESENT IMPERFECT	Nire osabaren soilgunea askotan ukitu izan dut eta beti haserretzen da nirekin. *I have touched my uncle's bald spot many times, and that always makes him angry.*
FUTURE TENSE	Ordaindu arte ez duzu ukituko. *You won't touch it until you pay for it.*
PAST	Salgaiak eskularruekin ukitzen nituen fruitu dendan lan egiten nuenean. *I used to touch the goods with my gloves on when I was working as a fruit seller.*
PAST PERFECT	Platera ukitu eta behatza erre zuen. *He touched the plate and burned one of his fingers.*

195

PAST FUTURE	Pastela ni iritsi arte <u>ez zenuela ukituko</u> esan zenuen. *You said <u>you wouldn't touch</u> the cake until I arrived.*
CONDITIONAL	Besoan dudan zauria <u>ukituko bazenu</u> umea bezala negar egingo nuke. *<u>If you touched</u> that wound on my arm I would cry like a baby.*
CONSEQUENCE	Arriskutsua dela esango bazenit <u>ez nuke ukituko</u>. *If you told me that it's dangerous <u>I wouldn't touch it</u>.*
PRESENT POTENTIAL	<u>Ukitu dezakezu</u>, ez du minik ematen. *<u>You can touch it</u>, it's harmless.*
HYPOTHETIC POTENTIAL	Kontu handiz <u>ukitu zenezake</u>, mesedez? *<u>Could you touch it</u> really carefully, please?*

NON-FINITE VERB FORMS

Stem	*Uki*
Participle	*Ukitu*
Verb noun	*Ukitzea*

TO TRAVEL – BIDAIATU

Tense type	Structure	Example
PRESENT	*Bidaiatzen*+ indicative auxiliary verb	Bidaiatzen dut (I travel)
PRESENT PERFECT	*Bidaiatu*+ indicative auxiliary verb	Bidaiatu dut (I have travelled)
PRESENT IMPERFECT	*Bidaiatu izan*+ indicative auxiliary verb	Bidaiatu izan dut (I have travelled)
FUTURE TENSE	*Bidaiatuko*+ indicative auxiliary verb	Bidaiatuko dut (I will travel)
PAST	*Bidaiatzen*+ past auxiliary verb	Bidaiatzen nuen (I used to travel)
PAST PERFECT	*Bidaiatu*+ past auxiliary verb	Bidaiatu nuen (I travelled)
PAST FUTURE	*Bidaiatuko*+ past auxiliary verb	Bidaiatuko nuen (I would travel)
CONDITIONAL	*Bidaiatuko* + conditional auxiliary verb	Bidaiatuko banu (If I travelled)
CONSEQUENCE	*Bidaiatuko* + consequence auxiliary verb	Bidaiatuko nuke (I would travel)
PRESENT POTENTIAL	*Bidaiatu* + present potential auxiliary verb	Bidaiatu dezaket (I can travel)
HYPOTHETIC POTENTIAL	*Bidaiatu* + hypothetic auxiliary verb	Bidaiatu nezake (I could travel)

REGIME: NOR-NORK

The verb "To Travelled" in Basque, "Bidaiatu", is built under a NOR-NORK regime (To travel). It can also be translated as "Bidaia Egin".

To build the correct auxiliary verb, please go to the mode tables and select the corresponding NOR-NORK regime table.

PRESENT	Nire senarra maíz <u>bidaiatzen du</u>. *My husband <u>travels</u> often.*
PRESENT PERFECT	Munduan zehar <u>bidaiatu dut</u> urte batez. *<u>I have travelled</u> around the world for a whole year.*
PRESENT IMPERFECT	Askotan <u>bidaiatu izan du</u> oso diru gitxurekin. *<u>He has travelled</u> a lot times with very little money.*
FUTURE TENSE	Diru apur bat biltzen dudanean Madrilera <u>bidaia egingo dut</u> eta egun batzuk pasako ditut Andresekin. *When I get some money <u>I'll travel</u> to Madrid and spend some days with Andres.*
PAST	Laurogeita hamarreko hamarkadan jendeak gehiago <u>bidaiatzen zuen</u> Espainiara. *People <u>used to travel</u> more to Spain back in the nineties.*
PAST PERFECT	Marco Europan zehar <u>bidaiatu zuen</u> bere amarekin aurkitzeko. *Marco <u>travelled</u> around Europe to meet his mother.*
PAST FUTURE	<u>Bidaia</u> trenez <u>egingo genuela</u> esan zuen. *He said we would travel by*

	train.
CONDITIONAL	Hegazkinez <u>bidaia egingo bagenu</u> lehenago iritsiko ginateke. *<u>If we travelled</u> by plane we would arrive sooner.*
CONSEQUENCE	Diru gehiago banu maizago <u>bidaiatuko nuke</u>. *If I had more money <u>I would travel</u> more often.*
PRESENT POTENTIAL	Telefono mobilik gabe <u>ezin dut bidaiarik egin</u>. *<u>I can't travel</u> without my cell phone.*
HYPOTHETIC POTENTIAL	Kreditu txartelarik gabe <u>bidaiatu zenezake</u>? *<u>Could you travel</u> without your credit card?*

NON-FINITE VERB FORMS

Stem	*Bidaia*
Participle	*Bidaiatu*
Verb noun	*Bidaiatzea*

TO UNDERSTAND – ULERTU

Tense type	Structure	Example
PRESENT	*Ulertzen+* indicative auxiliary verb	Ulertzen dut (I understand)
PRESENT PERFECT	*Ulertu+* indicative auxiliary verb	Ulertu dut (I have understood)
PRESENT IMPERFECT	*Ulertu izan+* indicative auxiliary verb	Ulertu izan dut (I have understood)
FUTURE TENSE	*Ulertuko+* indicative auxiliary verb	Ulertuko dut (I will understand)
PAST	*Ulertzen+* past auxiliary verb	Ulertzen nuen (I used to understand)
PAST PERFECT	*Ulertu+* past auxiliary verb	Ulertu nuen (I understood)
PAST FUTURE	*Ulertuko+* past auxiliary verb	Ulertuko nuen (I would understand)
CONDITIONAL	*Ulertuko +* conditional auxiliary verb	Ulertuko banu (If I understood)
CONSEQUENCE	*Ulertuko +* consequence auxiliary verb	Ulertuko nuke (I would understand)
PRESENT POTENTIAL	*Ulertu +* present potential auxiliary verb	Ulertu dezaket (I can understand)
HYPOTHETIC POTENTIAL	*Ulertu +* hypothetic auxiliary verb	Ulertu nezake (I could understand)

REGIME: NOR-NORK, NOR-NORI-NORK

The verb "To Understand" in Basque, "Ulertu", can be built under a NOR-NORK regime (To understand something) or a NOR-NORI-NORK regime (To understand someone).

To build the correct auxiliary verb, please go to the mode tables and select the corresponding NOR-NORK or NOR-NORI regime table.

PRESENT	<u>Ez dut ulertzen</u> esaten duzuna. *I don't understand what you're saying.*
PRESENT PERFECT	Esan duena <u>ulertu</u> al <u>duzu</u>? *Have you understood what he's just said?*
PRESENT IMPERFECT	Inoiz ez <u>dut ulertu izan</u> zergatik egiten duten hori. *I have never understood why they do that.*
FUTURE TENSE	Handitzen zarenean <u>ulertuko duzu</u>. *When you grow up you'll understand.*
PAST	Nire aitonak telebistak nola ibiltzen ziren <u>ulertzen zuen</u>, baina orain beti nahasten da. *My grandfather used to understand how TVs work, but now he always makes a mess.*
PAST PERFECT	Bere azalpenaren ondoren denek <u>ulertu zuten</u> zergatik zegoen han bera. *After her explanation everybody understood why she was there.*

PAST FUTURE	Banekien <u>ulertuko zenuela</u>. *I knew you would understand.*
CONDITIONAL	Zulo beltzak nola funtzionatzen duten <u>ulertuko bagenu</u> unibertsoaren ezagueran asko aurreratuko genuke. *If we understood how black holes work we would advance a lot in the knowledge of the universe.*
CONSEQUENCE	Frantsesez bazeneki kontatzen ari dizuna <u>ulertuko zenuke</u>. *If you knew French you would understand what he's telling you.*
PRESENT POTENTIAL	Esaten ari zarena <u>ezin dezaket ulertu</u>, ez dut euskaraz hitz egiten. *I can't understand what you're saying, I don't speak Basque.*
HYPOTHETIC POTENTIAL	<u>Ulertu zenezake</u> zergatik egin nuen? *Could you understand why I did it?*

NON-FINITE VERB FORMS

Stem	*Uler*
Participle	*Ulertu*
Verb noun	*Ulertzea*

TO USE – ERABILI

Tense type	Structure	Example
PRESENT	*Erabiltzen+* indicative auxiliary verb	Erabiltzen dut (I use)
PRESENT PERFECT	*Erabili+* indicative auxiliary verb	Erabili dut (I have used)
PRESENT IMPERFECT	*Erabili izan+* indicative auxiliary verb	Erabili izan dut (I have used)
FUTURE TENSE	*Erabiliko+* indicative auxiliary verb	Erabiliko dut (I will use)
PAST	*Erabiltzen+* past auxiliary verb	Erabiltzen nuen (I used to use)
PAST PERFECT	*Erabili+* past auxiliary verb	Erabili nuen (I used)
PAST FUTURE	*Erabiliko+* past auxiliary verb	Erabiliko nuen (I would use)
CONDITIONAL	*Erabiliko +* conditional auxiliary verb	Erabiliko banu (If I used)
CONSEQUENCE	*Erabiliko +* consequence auxiliary verb	Erabiliko nuke (I would use)
PRESENT POTENTIAL	*Erabili +* present potential auxiliary verb	Erabili dezaket (I can use)
HYPOTHETIC POTENTIAL	*Erabili +* hypothetic auxiliary verb	Erabili nezake (I could use)

REGIME: NOR-NORK

The verb "To Use" in Basque, "Erabili" is built under a NOR-NORK regime.

To build the correct auxiliary verb, please go to the mode tables and select the corresponding NOR-NORK regime table.

PRESENT	Jonek oso kanabera garestia <u>erabiltzen du</u> arrantza egiteko. *Jon <u>uses</u> a very expensive rod for fishing.*
PRESENT PERFECT	Oraindik <u>ez duzu erabili</u>? *<u>Haven't you used it</u> yet?*
PRESENT IMPERFECT	Beti <u>erabili izan dut</u> pasahitz bera. *I've always <u>used</u> the same password.*
FUTURE TENSE	Taldeak gitarra berriak <u>erabiliko ditu</u> diska berria grabatzeko. *The band <u>will use</u> new guitars to record they're new album.*
PAST	Nire arrebaren telefonoa <u>erabiltzen nuen</u> Tetrisera jolasteko. *I <u>used to use</u> my sister's phone to play Tetris.*
PAST PERFECT	Ordenagailua internet bidez janaria eskatzeko <u>erabili zuen</u>. *He <u>used</u> the computer to order some food online.*
PAST FUTURE	Banekien komodina <u>erabiliko zenuela</u>. *I knew <u>you would use</u> the wild card.*
CONDITIONAL	Poto-irekigailua <u>erabiliko bazenu</u> azkarrago irekiko zenuke. *If you*

	used the can opener you would have opened it faster.
CONSEQUENCE	Parrilla bat banu astero <u>erabiliko nuke</u>. _If I had a broiler <u>I would use it</u> every week._
PRESENT POTENTIAL	Sukaldea <u>erabili dezakegu</u>? _<u>Can we use</u> the kitchen?_
HYPOTHETIC POTENTIAL	Bainugela <u>erabili</u> al <u>nezake</u>? _<u>Could I use</u> the bathroom, please?_

NON-FINITE VERB FORMS

Stem	_Erabil_
Participle	_Erabili_
Verb noun	_Erabiltzea_

TO WAIT – ITXARON

Tense type	Structure	Example
PRESENT	*Itxaroten*+ indicative auxiliary verb	Itxaroten dut (I wait)
PRESENT PERFECT	*Itxaron*+ indicative auxiliary verb	Itxaron dut (I have waited)
PRESENT IMPERFECT	*Itxaron izan*+ indicative auxiliary verb	Itxaron izan dut (I have waited)
FUTURE TENSE	*Itxarongo*+ indicative auxiliary verb	Itxarongo dut (I will wait)
PAST	*Itxaroten*+ past auxiliary verb	Itxaroten nuen (I used to wait)
PAST PERFECT	*Itxaron*+ past auxiliary verb	Itxaron nuen (I waited)
PAST FUTURE	*Itxarongo*+ past auxiliary verb	Itxarongo nuen (I would wait)
CONDITIONAL	*Itxarongo* + conditional auxiliary verb	Itxarongo banu (If I waited)
CONSEQUENCE	*Itxarongo* + consequence auxiliary verb	Itxarongo nuke (I would wait)
PRESENT POTENTIAL	*Itxaron* + present potential auxiliary verb	Itxaron dezaket (I can wait)
HYPOTHETIC POTENTIAL	*Itxaron* + hypothetic auxiliary verb	Itxaron nezake (I could wait)

REGIME: NOR-NORK, NOR-NORI-NORK

The verb "To Wait" in Basque, "Itxaron", can be built under a NOR-NORI-NORK regime (To wait for somebody) or a NOR-NORK regime (To wait).

To build the correct auxiliary verb, please go to the mode tables and select the corresponding NOR-NORK or NOR-NORI-NORK regime table.

PRESENT	Urdinezko gizona autobusa <u>itxoiten du</u>. *The man in blue <u>waits</u> for the bus.*
PRESENT PERFECT	Denbora nahikoa <u>itxaron dugu</u>. Goazen. *<u>We have waited</u> long enough. Let's go.*
PRESENT IMPERFECT	Askotan <u>itxaron izan dizut</u>. *<u>I have waited</u> many times for you.*
FUTURE TENSE	Zerbait hobeagoa aurkitu arte <u>itxarongo dugu</u>. *<u>We'll wait</u> until we find something better.*
PAST	Dendetan beherapenak izan arte <u>itxaroten genuen</u> gauzak erosteko. *<u>We used to wait</u> until the stores were on sales to buy things.*
PAST PERFECT	Eguzkia atera arte <u>itxaron genuen</u>. *<u>We waited</u> for the sun to come.*
PAST FUTURE	<u>Itxarongo zenidala</u> uste nuen. *I thought <u>you would wait</u> for me.*
CONDITIONAL	Denbora nahiko <u>itxarongo bagenu</u> untxia bere gordelekutik ateratzen ikusiko genuke. *<u>If we waited</u> enough we would see the*

	rabbit getting out of its hole.
CONSEQUENCE	Etorriko zinela jakingo banu <u>itxarongo nizuke</u>. *If I knew you were <u>I would wait for you</u>.*
PRESENT POTENTIAL	Etxera iristen garen arte <u>itxaron dezakezu</u>? *<u>Can you wait</u> until we get home?*
HYPOTHETIC POTENTIAL	<u>Itxaron zeniezadake</u> mesedez? *<u>Could you wait</u> for me?*

NON-FINITE VERB FORMS

Stem	*Itxaron*
Participle	*Itxaron*
Verb noun	*Itxarotea*

TO WALK – IBILI

Tense type	Structure	Example
PRESENT	*Ibiltzen+* indicative auxiliary verb	Ibiltzen dut (I walk)
PRESENT PERFECT	*Ibili+* indicative auxiliary verb	Ibili dut (I have walked)
PRESENT IMPERFECT	*Ibili izan+* indicative auxiliary verb	Ibili izan dut (I have walked)
FUTURE TENSE	*Ibiliko+* indicative auxiliary verb	Ibiliko dut (I will walk)
PAST	*Ibiltzen+* past auxiliary verb	Ibiltzen nuen (I used to walk)
PAST PERFECT	*Ibili+* past auxiliary verb	Ibili nuen (I walked)
PAST FUTURE	*Ibiliko+* past auxiliary verb	Ibiliko nuen (I would walk)
CONDITIONAL	*Ibiliko +* conditional auxiliary verb	Ibiliko banu (If I walked)
CONSEQUENCE	*Ibiliko +* consequence auxiliary verb	Ibiliko nuke (I would walk)
PRESENT POTENTIAL	*Ibili +* present potential auxiliary verb	Ibili dezaket (I can walk)
HYPOTHETIC POTENTIAL	*Ibili +* hypothetic auxiliary verb	Ibili nezake (I could walk)

REGIME: NOR, NOR-NORK

The verb "To Walk" in Basque, "Ibili", can be built under a NOR regime or a NOR-NORK regime indistinctly.

To build the correct auxiliary verb, please go to the mode tables and select the corresponding NOR or NOR -NORK regime table.

PRESENT	Nire Aitak 3 kmz <u>ibiltzen da</u> egunero. *My father <u>walks</u> 3 km every day.*
PRESENT PERFECT	Egun osoa kalean <u>ibili gara</u>. *<u>We've walked</u> through the streets for all day.*
PRESENT IMPERFECT	Askotan <u>ibili izan da</u> zapata deseroso horiekin. *<u>She has walked</u> with those uncomfortable shoes many times.*
FUTURE TENSE	Sunset Boulebard zehar <u>ibiliko gara</u> Los Angelesera joaten bagara. *<u>We will walk</u> through Sunset Boulebard if we go to Los Angeles.*
PAST	Nire aitonak 2 orduz <u>ibiltzen zen</u> goizero. *My grandfather <u>used to walk</u> for 2 hours every morning.*
PAST PERFECT	Urolako bailaran zehar <u>ibili ginen</u> txangoan. *<u>We walked</u> through the Urola valley during the excursion.*
PAST FUTURE	Barne-zola berri hauekin hobeto <u>ibiliko nintzela</u> uste nuen. *I thought*

	I would walk better with these new insoles.
CONDITIONAL	Azkarrago <u>ibiliko bagina</u> trena arrapatuko genuke. *If we walked faster we would catch the train.*
CONSEQUENCE	Eskatuko bazenu azkarrago <u>ibiliko ginateke</u>. *If you asked <u>I would walk</u> faster.*
PRESENT POTENTIAL	<u>Ibili dezakezu</u>? Ondo zaude*? <u>Can you walk</u>? Are you alright?*
HYPOTHETIC POTENTIAL	Pixkat motelago <u>ibili genezake</u>, mesedez? *<u>Could we walk</u> a little bit slower, please?*

NON-FINITE VERB FORMS

Stem	*Ibil*
Participle	*Ibili*
Verb noun	*Ibiltzea*

TO WANT – NAHI IZAN

Tense type	Structure	Example
PRESENT	*Nahi*+ indicative auxiliary verb	Nahi dut (I want)
PRESENT IMPERFECT	*Nahi izan*+ indicative auxiliary verb	Nahi izan dut (I have wanted)
FUTURE TENSE	*Nahiko*+ indicative auxiliary verb	Nahiko dut (I will want)
PAST PERFECT	*Nahi*+ past auxiliary verb	Nahi nuen (I wanted)
PAST FUTURE	*Nahiko*+ past auxiliary verb	Nahiko nuen (I would want)
CONDITIONAL	*Nahiko* + conditional auxiliary verb	Nahiko banu (If I wanted)
CONSEQUENCE	*Nahiko* + consequence auxiliary verb	Nahiko nuke (I would want)
HYPOTHETIC POTENTIAL	*Nahi* + hypothetic auxiliary verb	Nahi nezake (I could want)

REGIME: NOR-NORK

The verb "To Want" in Basque, "Nahi Izan" or "Nahi" is built under a NOR-NORK regime.

To build the correct auxiliary verb, please go to the mode tables and select the corresponding NOR-NORK regime table.

PRESENT	Besterik <u>nahi</u> al <u>duzu</u>? *<u>Do you want</u> anything else?* Zer <u>nahi duzu</u>? *What <u>do you want</u>?*
PRESENT IMPERFECT	Beti <u>nahi izan dut</u> Parisera joatea. *I have always <u>wanted</u> to go to Paris.*
FUTURE TENSE	Momentuan ordaintzea <u>nahiko du</u>. *<u>He will want</u> us to pay at the time.*
PAST PERFECT	Gela bat <u>nahi genuen</u> gaua pasatzeko. *<u>We wanted</u> a room to spend the night.*
PAST FUTURE	Banekien berarekin joatea <u>nahiko zuela</u>. *I knew <u>he would want</u> me to go with her.*
CONDITIONAL	Berarekin joatea <u>nahiko balu</u> eskatuko lizuke. *<u>If she wanted</u> to go with you she would have asked.*
CONSEQUENCE	Soineko hori <u>nahi izango nuke</u>, hain garestia ez balitz. *<u>I would have</u> <u>wanted</u> that dress if it wasn't so expensive.*
HYPOTHETIC POTENTIAL	Gorde ezazu, egunen batean jolastu <u>nahi nezake</u> berriro. *Keep it, perhaps one day <u>I could want</u> to play it again.*

NON-FINITE VERB FORMS

Stem	Nahi
Participle	Nahi
Verb noun	Nahi izatea

TO WATCH – IKUSI

Tense type	Structure	Example
PRESENT	*Ikusten+* indicative auxiliary verb	Ikusten dut (I watch)
PRESENT PERFECT	*Ikusi+* indicative auxiliary verb	Ikusi dut (I have watched)
PRESENT IMPERFECT	*Ikusi izan+* indicative auxiliary verb	Ikusi izan dut (I have watched)
FUTURE TENSE	*Ikusiko+* indicative auxiliary verb	Ikusiko dut (I will watch)
PAST	*Ikusten+* past auxiliary verb	Ikusten nuen (I used to watch)
PAST PERFECT	*Ikusi+* past auxiliary verb	Ikusi nuen (I watched)
PAST FUTURE	*Ikusiko+* past auxiliary verb	Ikusiko nuen (I would watch)
CONDITIONAL	*Ikusiko +* conditional auxiliary verb	Ikusiko banu (If I watched)
CONSEQUENCE	*Ikusiko +* consequence auxiliary verb	Ikusiko nuke (I would watch)
PRESENT POTENTIAL	*Ikusi +* present potential auxiliary verb	Ikusi dezaket (I can watch)
HYPOTHETIC POTENTIAL	*Ikusi +* hypothetic auxiliary verb	Ikusi nezake (I could watch)

REGIME: NOR-NORK

The verb "To Watch" in Basque, "Ikusi" is built under a NOR-NORK regime. It can also be translated as "Zaindu" or "Behatu".

To build the correct auxiliary verb, please go to the mode tables and select the corresponding NOR-NORK regime table.

PRESENT	Albisteak telebistan <u>ikusten ditut</u> egunero. *<u>I watch</u> the news on TV every day.*
PRESENT PERFECT	Egoera guztiz nola aldatu den <u>ikusi dugu</u>. *<u>We have watched</u> how the situation has completely changed.*
PRESENT IMPERFECT	Askotan ik<u>usi izan ditut</u> txoriak nire balkoi inguruan. *<u>I have watched</u> birds flying around my balcony many times.*
FUTURE TENSE	Asteburu honetan <u>ikusiko dugu</u> pelikula. *<u>We'll watch</u> the movie this weekend.*
PAST	Channel <u>4 ikusten nuen</u> baina orain BBCra pasa naiz. *<u>I used to watch</u> Channel 4, but now I've changed to BBC.*
PAST PERFECT	Ilargiko lurreratzea telebistan <u>ikusi zuen</u>. *<u>He watched</u> the moon landing on TV.*
PAST FUTURE	Badakit pelikula zurekin <u>ikusiko nuela</u> esan nuela baina joan beharra daukat. *I know I said <u>we would watch</u> the movie together but I have*

209

	to leave.
CONDITIONAL	Margolana tentuz <u>begiratuko bazenu</u> teknika zoragarria duela ikusiko zenuke. *<u>If you watched</u> the painting carefully you would see it has a wonderful technique.*
CONSEQUENCE	Aspertuta banego telebista <u>ikusiko nuke</u>. *If I was bored <u>I would watch</u> the TV.*
PRESENT POTENTIAL	Peter <u>zaindu dezakezu</u> kanpoan nagoen bitartean? *<u>Can you watch</u> Peter while I'm out?*
HYPOTHETIC POTENTIAL	Egunsentia <u>ikusi genezake</u> goiz joaten bagara lo egitera. *<u>We could watch</u> the sunrise if we go early to sleep.*

NON-FINITE VERB FORMS

Stem	*Ikus*
Participle	*Ikusi*
Verb noun	*Ikustea*

TO WIN – IRABAZI

Tense type	Structure	Example
PRESENT	*Irabazten+* indicative auxiliary verb	Irabazten dut (I win)
PRESENT PERFECT	*Irabazi+* indicative auxiliary verb	Irabazi dut (I have won)
PRESENT IMPERFECT	*Irabazi izan+* indicative auxiliary verb	Irabazi izan dut (I have won)
FUTURE TENSE	*Irabaziko+* indicative auxiliary verb	Irabaziko dut (I will win)
PAST	*Irabazten+* past auxiliary verb	Irabazten nuen (I used to win)
PAST PERFECT	*Irabazi+* past auxiliary verb	Irabazi nuen (I won)
PAST FUTURE	*Irabaziko+* past auxiliary verb	Irabaziko nuen (I would win)
CONDITIONAL	*Irabaziko +* conditional auxiliary verb	Irabaziko banu (If I won)
CONSEQUENCE	*Irabaziko +* consequence auxiliary verb	Irabaziko nuke (I would win)
PRESENT POTENTIAL	*Irabazi +* present potential auxiliary verb	Irabazi dezaket (I can win)
HYPOTHETIC POTENTIAL	*Irabazi +* hypothetic auxiliary verb	Irabazi nezake (I could win)

REGIME: NOR-NORK, NOR-NORI-NORK

The verb "To Win" in Basque, "Irabazi", can be built under a NOR-NORI-NORK regime (To win against somebody) or a NOR-NORK regime (To win).

To build the correct auxiliary verb, please go to the mode tables and select the corresponding NOR-NORK or NOR-NORI-NORK regime table.

PRESENT	Tenisera jolasten duten bakoitzean justu justu <u>irabazten du.</u> *Every time they play tennis <u>she wins</u> by the narrowest of margins.*
PRESENT PERFECT	Doaneko bidaia <u>irabazi dut</u>. *I've won a free ride.*
PRESENT IMPERFECT	Askotan <u>irabazi izan dizut</u> Nintendora jolasten. *I've won many times playing Nintendo with you.*
FUTURE TENSE	Egunen batean lehenengo saria <u>irabaziko dut</u>. *Someday I'll win the first price.*
PAST	Laurogeiko hamarkadan Errealak futbol titulu asko <u>irabazten zituen</u>. *Erreala <u>used to win</u> a lot of futbol titles back in the eighties.*
PAST PERFECT	Anek argazki lehiaketa <u>irabazi zuen</u>. *Ane <u>won</u> the photography contest.*
PAST FUTURE	Loteria <u>irabaziko zuela</u> aurresan zuen. *He predicted <u>he would win</u> the lottery.*

CONDITIONAL	<u>Irabaziko banu</u> saria banatuko nuke. *<u>If I won</u> I would share the prize.*
CONSEQUENCE	Beste aukera bat emango bazenit <u>irabaziko nuke</u>. *If you gave me another chance <u>I would win.</u>*
PRESENT POTENTIAL	Lasterketa <u>irabazi dezake</u>. *<u>He can win</u> the race.*
HYPOTHETIC POTENTIAL	Gogor entrenatuko banintz <u>irabazi nezake</u>. *If I trained hard <u>I could win.</u>*

NON-FINITE VERB FORMS

Stem	*Irabaz*
Participle	*Irabazi*
Verb noun	*Irabaztea*

TO WORK – LAN EGIN

Tense type	Structure	Example
PRESENT	*Lan egiten+* indicative auxiliary verb	Lan egiten dut (I work)
PRESENT PERFECT	*Lan egin+* indicative auxiliary verb	Lan egin dut (I have worked)
PRESENT IMPERFECT	*Lan egin izan+* indicative auxiliary verb	Lan egin izan dut (I have worked)
FUTURE TENSE	*Lan egingo+* indicative auxiliary verb	Lan egingo dut (I will work)
PAST	*Lan egiten+* past auxiliary verb	Lan egiten nuen (I used to work)
PAST PERFECT	*Lan egin+* past auxiliary verb	Lan egin nuen (I worked)
PAST FUTURE	*Lan egingo+* past auxiliary verb	Lan egingo nuen (I would work)
CONDITIONAL	*Lan egingo +* conditional auxiliary verb	Lan egingo banu (If I worked)
CONSEQUENCE	*Lan egingo +* consequence auxiliary verb	Lan egingo nuke (I would work)
PRESENT POTENTIAL	*Lan egin +* present potential auxiliary verb	Lan egin dezaket (I can work)
HYPOTHETIC POTENTIAL	*Lan egin +* hypothetic auxiliary verb	Lan egin nezake (I could work)

REGIME: NOR-NORK

The verb "To Work" in Basque, "Lan egin", is built under a NOR-NORK regime.

To build the correct auxiliary verb, please go to the mode tables and select the corresponding NOR-NORK or NOR-NORI-NORK regime table.

PRESENT	Markel Googleentzat <u>lan egiten du</u>. *Markel <u>works</u> for Google Inc.*
PRESENT PERFECT	Noizbait <u>lan egin</u> al <u>duzu</u> zerbitzari moduan? *<u>Have you</u> ever <u>worked</u> as a waiter?*
PRESENT IMPERFECT	Garay jaunarentzat <u>lan egin izan dut</u> 6 urtez. *<u>I have worked</u> for Mr. Garay for 6 years.*
FUTURE TENSE	Datorren 2 urteetan gobernuarentzat <u>lan egingo du</u>. *<u>She'll work</u> for the government for the next 2 years.*
PAST	Okin bezala <u>lan egiten nuen</u> gazteagoa nintzenean. *<u>I used to work</u> as a baker when I was younger.*
PAST PERFECT	Benetan gogor <u>lan egin zuen</u> proiektu horretan. *<u>He worked</u> really hard on that project.*
PAST FUTURE	Elkarrekin <u>lan egingo genuela</u> zin egin zenuen. *You promised <u>we would work</u> together.*
CONDITIONAL	Gogor <u>lan egingo bazenu</u> sari asko lortuko zenituzke. *<u>If you worked</u>*

	hard you would get a lot of rewards.
CONSEQUENCE	Kontratua egingo balit berarentzat <u>lan egingo nuke</u>. *If he hired me <u>I would work</u> for him.*
PRESENT POTENTIAL	Presiopean <u>lan egin</u> al <u>dezakezu</u>? *<u>Can you work</u> under pressure?*
HYPOTHETIC POTENTIAL	Materiale berri hauekin <u>lan egin</u> al <u>zenezake</u> zure laborategian? *<u>Could you work</u> in your lab with these new materials?*

NON-FINITE VERB FORMS

Stem	*Lan egin*
Participle	*Lan egin*
Verb noun	*Lan egitea*

BASQUE LANGUAGE: 101 BASQUE VERBS

TO WRITE – IDATZI

Tense type	Structure	Example
PRESENT	*Idazten+* indicative auxiliary verb	Idazten dut (I write)
PRESENT PERFECT	*Idatzi+* indicative auxiliary verb	Idatzi dut (I have written)
PRESENT IMPERFECT	*Idatzi izan+* indicative auxiliary verb	Idatzi izan dut (I have written)
FUTURE TENSE	*Idatziko+* indicative auxiliary verb	Idatziko dut (I will write)
PAST	*Idazten+* past auxiliary verb	Idazten nuen (I used to write)
PAST PERFECT	*Idatzi+* past auxiliary verb	Idatzi nuen (I wrote)
PAST FUTURE	*Idatziko+* past auxiliary verb	Idatziko nuen (I would write)
CONDITIONAL	*Idatziko +* conditional auxiliary verb	Idatziko banu (If I wrote)
CONSEQUENCE	*Idatziko +* consequence auxiliary verb	Idatziko nuke (I would write)
PRESENT POTENTIAL	*Idatzi +* present potential auxiliary verb	Idatzi dezaket (I can write)
HYPOTHETIC POTENTIAL	*Idatzi +* hypothetic auxiliary verb	Idatzi nezake (I could write)

REGIME: NOR-NORK, NOR-NORI-NORK

The verb "To Write" in Basque, "Idatzi", can be built under a NOR-NORI-NORK regime (To write something for somebody) or a NOR-NORK regime (To write).

To build the correct auxiliary verb, please go to the mode tables and select the corresponding NOR-NORK or NOR-NORI-NORK regime table.

PRESENT	Maiderrek herriko egunkariarentzat <u>idazten du</u>. *Maider <u>writes</u> for the local newspaper.*
PRESENT PERFECT	Nork <u>idatzi du</u> hau? *Who <u>has written</u> this?*
PRESENT IMPERFECT	Beti <u>idatzi izan ditut</u> poemak. *I have always <u>written</u> poems.*
FUTURE TENSE	Bihar <u>idatziko digu</u> bueltan. *He'll write us back tomorrow.*
PAST	Nobela motzak <u>idazten zituen</u> bizimodua ateratzeko. *He used to <u>write</u> short novels for a living.*
PAST PERFECT	Maitasun abesti bat <u>idatzi nuen</u> zuretzat. *I <u>wrote</u> a love song for you.*
PAST FUTURE	Gutun bat <u>idatziko ziola</u> esan zuen. *She said <u>she would write</u> him a letter.*
CONDITIONAL	Email bat <u>idatziko bazenit</u> erantzungo nizuke. *<u>If you wrote me</u> an email I would answer you.*

215

CONSEQUENCE	Denbora banu liburu bat <u>idatziko nuke</u>. *If I had time <u>I would write</u> a book.*
PRESENT POTENTIAL	Email bat <u>idatzi diezaioket</u>. *<u>I can write</u> him an email.*
HYPOTHETIC POTENTIAL	Errezeta paper batean <u>idatzi zenezake</u>? *<u>Could you write</u> the recipe on a paper?*

NON-FINITE VERB FORMS

Stem	*idatz*
Participle	*Idatzi*
Verb noun	*Idaztea*

Made in the USA
Lexington, KY
14 June 2017